Roadtrips Toskana

von Dr. Carsten Drecoll

QR-CODES IM BUCH

Über die QR-Codes in diesem Buch bekommen Sie stets aktuelle Inhalte, spannende Zusatz-Informationen und die Möglichkeit zur Navigation vor Ort. Bitte installieren Sie für die Nutzung der QR-Codes die kostenlose ADAC Trips App auf Ihrem Mobiltelefon. Weitere Informationen siehe Seite 9.

DER NORDEN DER TOSKANA

ab S. 52

Etappe 1

Florenz – Montecatini

Etappe 2

Montecatini – Viareggio

Etappe 3

Viareggio – Marina di Pisa

DIE KLASSISCHE TOSKANA

ab S. 74

Etappe 1

Marina di Pisa – Volterra

Etappe 2

Volterra – Radda in Chianti

Etappe 3

Radda in Chianti – Arezzo

DER SÜDEN DER TOSKANA

ab S. 138

Etappe 1

Arcidosso – Piombino/Elba

Etappe 2

Piombino – Talamone

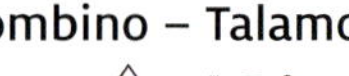

Etappe 3

Talamone – Orbetello/Giglio

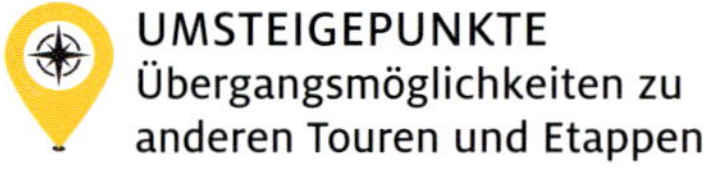

UMSTEIGEPUNKTE
Übergangsmöglichkeiten zu anderen Touren und Etappen

N

Firenzuola
Borgo San Lorenzo
oggio a aiano
Fiesole
Florenz
ino
ite- toli
Greve in Chianti
Gorgiti
Bibbiena
Castiglion Fibocchi
Certaldo
mignano
Montevarchi
Arezzo
Radda in Chianti
Colle di Val d'Elsa
Siena
Monte San Savino
Abbazia di San Galgano
Asciano
Pienza
Montepulciano
Chianciano Terme
Montalcino
San Quirico d'Orcia
Chiusi
Roccastrada
ite- ssi
Bagni San Filippo
Abbadia San Salvatore
Arcidosso
Piancastagnaio
Santa Fiora
Grosseto
Scansano
Sovana
Saturnia
Pitigliano
Manciano
ione
Orbetello
to
no
Il Giardino dei Tarocchi
Monte Argentario

Toskana

DAS HERZ DER TOSKANA

ab S. 30

Etappe 1

Florenz – Firenzuola – Florenz

Etappe 2

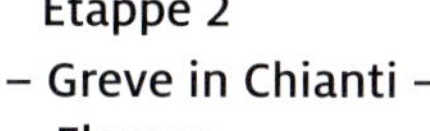

Florenz – Greve in Chianti – Florenz

Etappe 3

Florenz – Certaldo – Florenz

DIE BILDERBUCH-TOSKANA

ab S. 104

Etappe 1

Arezzo – San Quirico d‘Orcia

Etappe 2

San Quirico d‘Orcia – Chiusi

Etappe 3

Chiusi – Arcidosso

Siehe Seite 114

Die sanften Hügel der Crete Senesi und eine Zypressenallee, die zu einem Hof führt – der Agriturismo Baccoleno bei Asciano ist ein beliebtes Fotomotiv, aber auch als Unterkunft ein Tipp.

Inhalt

Es geht los!

Unterwegs

Die klassische Toskana

Die Bilderbuch-Toskana

Der Süden der Toskana

Gut zu wissen

Siehe Seite 151

Hinter Castiglione della Pescaia erstreckt sich, ganz im Süden der Toskana, die Maremma, einst ein sumpfiges Küstenland.

Einfach losfahren!

Alles rund um Ihre individuelle Traumtour

Die in diesem Band vorgeschlagenen Routen führen durchweg über landschaftlich schöne Straßen, häufig mit spektakulären Ausblicken. Fahrerisch sind sie manchmal spannend.

Achtung: Die hier vorgeschlagenen Touren sind für Pkw oder Motorrad konzipiert. Große Wohnmobile oder besonders hoch gebaute Vans können nicht überall fahren. Auf kleineren Straßen kann es zu Schlaglöchern oder unebenen Fahrbahnteilen kommen. Es gilt also, mit Ruhe und Genuss die Region zu erfahren: Genießen Sie jeden Moment des Unterwegsseins!

Mit der Navigation in der ADAC Trips App können Sie die Tour exakt abfahren. Sollten Sie im Vorfeld die Route planen wollen, z. B. für spezielle Fahrzeugtypen, empfehlen wir unseren Routenplaner unter maps.adac.de.

UMSTEIGEPUNKT
SIENA

Sehenswertes
in der Umgebung

IHR WEGWEISER: UMSTEIGEPUNKTE
Jede Tour in diesem Band besteht aus mehreren Etappen. Etappen und ganze Touren lassen sich mittels Querverbindungen kombinieren, abkürzen oder variieren. Dazu dienen besonders die Umsteigepunkte. Alle Umsteigepunkte sind auch reizvolle Orte für ein festes Standquartier.

Diesen QR-Code finden Sie bei jedem Umsteigepunkt. Er führt Sie direkt zu einer Umkreissuche in der ADAC Trips App, hier können Sie die umliegenden Sehenswürdigkeiten und Orte nach Ihren Wünschen sortieren und den Radius festlegen, in dem Sie weitere spannende Entdeckungen finden.

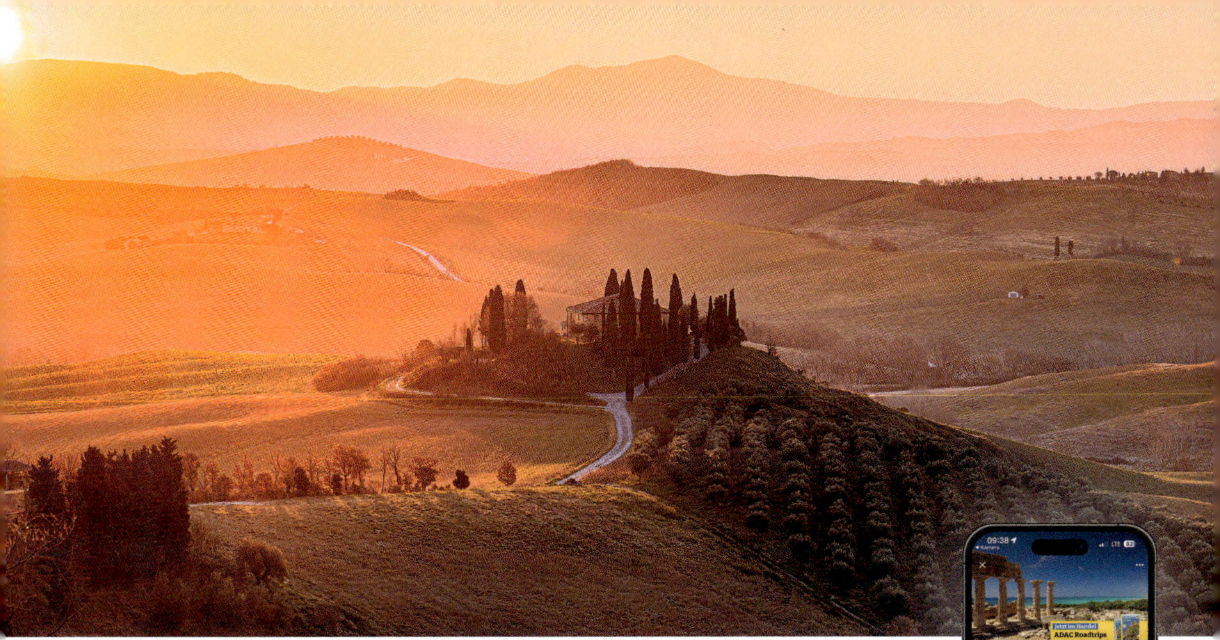

Kleine Straßen, wie hier die Strada provinciale del Brunello, führen durch die Toskana.

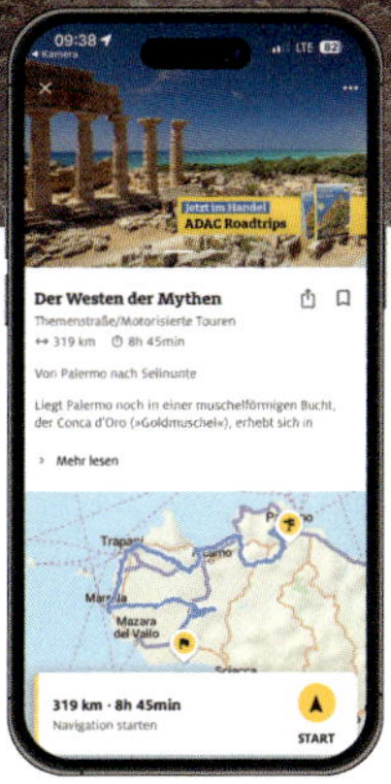

DOWNLOAD DER ADAC TRIPS APP
Einfach mit der Handy-Kamera einscannen: Mit diesem Code können Sie für Ihr Handy-Betriebssystem (iOS oder Android) die für die Nutzung der QR-Codes notwendige, kostenlose ADAC Trips App herunterladen.

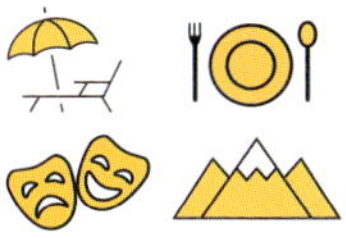

IHR GANZ PERSÖNLICHER ROADTRIP
Jede Etappe hat einen eigenen Schwerpunkt: Wasser, Kulinarik, Kultur oder Natur. Gestalten Sie Ihren ganz persönlichen Roadtrip!

IMMER GUT GEPLANT: NAVIGATION UND GPX-DATEN
Diesen QR-Code finden Sie zu Beginn jeder Tour. Der Scan erlaubt Ihnen die Navigation vor Ort direkt über ADAC Trips App – oder Sie laden sich die GPX-Daten zu jeder Tour auf Ihr eigenes Navigationsgerät.

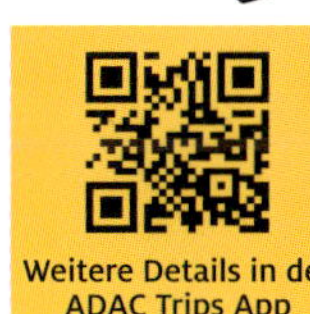

REISE-ERLEBNISSE IN DER APP
Überall im Buch, wo Sie diesen QR-Codes neben dem Text sehen, führt Sie der Scan direkt zu allen Details der beschriebenen Sehenswürdigkeit – mit laufend aktualisierten Details und Informationen.

Erlebniswelten Toskana

Ikonische Landschaften, mächtige Städte

Die Toskana ist eine unserer Sehnsuchtslandschaften überhaupt – und viele visuelle Eindrücke haben es in unser kollektives Bewusstsein geschafft. Beispiele dafür sind der Schiefe Turm von Pisa, Brunelleschis Domkuppel in Florenz, Botticellis »Venus« oder die von Zypressen bestandenen Hügel der Crete Senesi. Und tatsächlich, all dies wird auf den beschriebenen Touren erlebbar. Doch die Routen führen auch durch weniger bekannte Gegenden wie die Apuanischen Alpen, das Casentino mit seiner Bergwelt oder die Maremma im Süden. Ein Erlebnis für alle Sinne: dank der bodenständigen Küche, der erlesenen Weine und der heißen Quellen, die für Wohlbefinden sorgen. Und im Westen, am Tyrrhenischen Meer, wartet eine abwechslungsreiche Küste.

Im Frühjahr präsentieren sich die Felder der Toskana in frischem und leuchtendem Grün.

Herrliche Strände locken auf der Insel Elba wie hier die Spiaggia di Sansone bei Portoferraio.

Meer und Inseln

Kontrastreiche Küstenlandschaft

Es wird allzu leicht vergessen, dass die Toskana – neben ihrer charakteristischen Hügellandschaft – auch eine lange und äußerst abwechslungsreich Küste besitzt. Beliebte Hotspots, aber auch weniger bekannte Küstenabschnitte laden ein zu einer erfrischenden Stippviste am Meer.

Im Norden reichen die Ausläufer der Apuanischen Alpen ans Ligurische Meer. Die Strände bei **Forte dei Marmi** und **Viareggio** (beide Tour 2, S. 69) bilden das Eldorado der Reichen, Mächtigen und Schönen, von Fiat-Eigentümer Agnelli bis zu östlichen Oligarchen. Ein großes Sumpf- und Naturschutzgebiet bei Pisa zieht sich bis nach Livorno. Zwischen **Cecina** und **Orbetello** (Tour 5, S. 160) erstreckt sich dann eine herrliche Küste, an der jeder ein geeignetes Plätzchen findet.

SONNENSCHIRME WIE SAND AM MEER ...

In Italien beliebt, aber auch eine Plage, sind die sogenannten *bagni*. Private Betriebe, die einen Teil des Strands per Gewohnheitsrecht für sich beanspruchen und dort Liegen und Sonnenschirme vermieten – zu mäßigen wie auch gesalzenen Preisen. Vor Kurzem hat es eine Diskussion in Italien über diese *bagni* gegeben, denn europäisches Recht verlangt, dass öffentliche Strände für alle zugänglich sind. Das Problem der Italiener: Von den *bagni* leben seit Generationen ganze Familien. Sie einfach abschaffen, geht nicht ...

WAL-HEIMAT – IM GLASKLAREN MEER

Im Tyrrhenischen Meer locken die Inseln **Elba**, das kleinere **Giglio** (Tour 5, S. 160) und noch winzigere Eilande. Für die Wasserqualität hat der italienische Staat viel getan. In dem Dreieck zwischen Genua, Korsika und der toskanischen Küste erstreckt sich eines der am besten geschützten Gebiete des Mittelmeers, in dem sich sogar die Kinderstube von einigen Walarten befindet. Besonders gute Strände sind mit dem Gütezeichen *bandiera blue* ausgezeichnet.
Ein großes Problem ist die gnadenlose Überfischung des Tyrrhenischen Meers. Bei **Talamone** (Tour 5, ab S. 154) hat ein Fischer der Schleppnetzfischerei den Kampf angesagt, indem er Skulpturen und Kunstwerke auf dem Meeresboden absetzen lässt, um so den Einsatz von Schleppnetzen zu verhindern.

Ob Radfahren, Wandern, Tauchen oder Schnorcheln: an der Küste der Toskana ein Vergnügen.

EINE KÜSTE FÜR AKTIVSPORTLER UND SONNENHUNGRIGE

Egal ob man Sandstrand oder eine Felsküste zum Schnorcheln bevorzugt, ob man tauchen oder einen Badeurlaub verbringen möchte: Die Toskana ist ein einladender Ort dafür, und mit dem Auto ist man schnell in den nächsten interessanten Orten, sollte einen Kultur oder Kulinarik locken.

Die Küste der Toskana hat viele Gesichter. Hier führt die SS 1 südlich von Livorno an einer spektakulären Felsküste entlang.

Brodelnde Erde und reiche Bodenschätze

Landschaft und Geologie

Die Toskana überrascht selbst Italiener mit ihrer Vielfalt. Eine harmonische Hügellandschaft findet sich neben schroffen Bergwelten, einladende Küsten neben heißen Quellen. Die reichen Bodenschätze wie Salz und Erze haben die Geschichte der Gegend seit den Etruskern beeinflusst.

Während sich der Norden und Osten der Toskana gebirgig präsentieren – dank der Ausläufer des Apennin, der sich durch den ganzen italienischen Stiefel zieht, des Casentino nördlich von Arezzo oder der Apuanischen Alpen nordwestlich von Florenz, die zum Meer hin den berühmtesten Marmorstein bieten –, künden andernorts heiße Schlote und Quellen vom Geschehen im Erdinnern.

HÖLLISCH HEISS – DIE THERMALQUELLEN

Die zahlreichen Thermalquellen sind ein Merkmal der Toskana. Bereits von den Römern genutzt, dienen sie heute entweder mondänen Thermal- und Kurorten wie etwa **Montecatini Terme** (Tour 2, S. 60), oder sie sind immer noch völlig frei (und kostenlos) zugänglich wie die Sinterbecken bei **Saturnia** (Tour 5, S. 156) oder **Bagni San Filippo** (Tour 4, S. 130). Mancherorts wie in **Larderello** (Tour 3, S. 78) kann die verfügbare Geothermie zur Energiegewinnung verwendet werden. Wie sehr diese ausdampfenden Schlote und brodelnden Teiche schon immer die Menschen beeindruckt haben, offenbart sich am **Valle del Diavolo** (Teufelstal), das der Dichter Dante Alighieri in seinem Werk verarbeitete – natürlich als Hölle.

REICHTÜMER UNTER DER ERDE – DIE BODENSCHÄTZE

Dort, also südlich von **Volterra** (Tour 3, S. 85), finden sich auch reiche Bodenschätze, die ebenfalls bereits in der Antike genutzt wurden und wahrscheinlich die Hochkultur der Etrusker überhaupt erst ermöglicht haben. Denn in den sogenannten **Colline Metallifere** (Tour 3, S. 78), den »metallhaltigen Hügeln«, wurden Salz und Erz abgebaut. An manchen Stränden findet sich die antike Schlacke aus der Erzgewinnung bis heute unter dem Sand.

Die weißen Straßen in den Crete Senesi weisen auf den kargen, tonreichen Boden hin.

Es reicht, ein wenig mit der Hand zu graben. Südlich von Volterra, in dem Ort **Saline**, kann man die Gewinnung eines der reinsten Salze Italiens besichtigen.

DAUERTHEMA WASSER

Landschaftlich gesehen ist die Toskana ein grünes und wasserreiches, bis auf den Südwesten recht hügeliges Gebiet. Vielerorts lässt sich originärer, jahrhundertealter Mischwald entdecken. Buchen, Eichen, Zypressen sowie als Kulturpflanze natürlich der Olivenbaum sind häufig zu finden. Trockener ist es in den **Crete Senesi** (Tour 4, ab S. 106), jenem fotogenen, aber auch wasserarmen Landstrich, sowie in der Maremma im Südwesten, Heimat der letzten Cowboys, wo sich eher weites, flaches Land erstreckt. Auch die Toskana bleibt vom Klimawandel nicht unberührt. Hitzewellen und Überschwemmungsereignisse sorgen immer wieder für Schlagzeilen. So fanden im Winter Ende 2023 erst weiträumige Überschwemmungen und Erdrutsche statt, und in Teilen der Toskana musste der Notstand ausgerufen werden. Im Februar 2024 diskutierten die Italiener dann in den sozialen Netzwerken, ob man guten Gewissens im Februar an den Strand gehen kann – Temperaturen von deutlich über 20 °C luden dazu ein.

Zypressen und Wein prägten das Landschaftsbild schon zur Zeit der Römer.

Wein und zünftige Küche

Essen und Trinken auf Toskanisch

Die toskanische Küche ist bodenständig und deftig – Fleisch spielt eine sehr große Rolle, von der *bistecca alla fiorentina* bis zur *salumeria* – was die eigenständige und hohe Kunst meint, Salami in unterschiedlichen Geschmacksrichtungen zu kreieren. Spezialitäten wie Schweinebauchbraten *(porchetta)* oder Schinken *(prosciutto)* ergänzen dieses Bild.

Wo das Land zu karg war, um Feldbau zu betreiben, entstand in der Toskana traditionell die Schaf- und Ziegenhaltung, und mit ihr der Pecorino, der heute an einigen Orten wie etwa **Pienza** (Tour 4, S. 120), eine ganz besondere Tradition aufweist. Gerne werden Wurst und Käse reichlich aufgeschnitten und mit Brot – und natürlich auch mit Wein – genossen.

Fleisch, ob als Braten, Salami oder Schinken, gehört zur traditionellen Küche der Toskana.

DEFTIG ODER ZUCKERSÜSS

In vielen Metzgereien kann man auch Platz nehmen und eine Platte der Wahl bestellen oder auch als *panino* (belegtes Brötchen) mitnehmen – wobei die Verkleinerungsform *panino* etwas untertreibend ist, denn was man bekommt, ist meist mehr als ausreichend, selbst für den größeren Hunger. Sich an die Metzgereien zu halten, ist jedenfalls eine gute Idee, denn hier genießt man die wahren Spezialitäten der Toskana zu günstigen Preisen.
Wem dabei noch Kalorien fehlen sollten, der kann einen Blick auf die Süßspeisenkarte der Toskana werfen. In den Schaufenstern in Florenz lockt zum Beispiel das *panforte* (wörtlich »starkes Brot«) aus einem festen süßen Teig mit Rosinen, Nüssen und Puderzucker, das überaus nahrhaft ist. Bekannt sind mittlerweile auch in Deutschland die *cantuccini*, harte Mandelplätzchen, die zum Kaffee oder auch zum Vino Santo, einem süßen Likörwein, genossen werden können.

Kleine Osterie und Trattorie laden dazu ein, die Spezialitäten der Toskana zu probieren.

WO WEIN UND OLIVEN GANZ MEISTERLICH GEDEIHEN

Womit wir beim vielleicht wichtigsten Thema sind, dem Wein. Wein und Toskana gehören untrennbar zusammen, und die Königin aller toskanischen Reben ist der **Sangiovese**, der in mehreren Varianten und Züchtungen existiert. Diese Vorherrschaft ist gar nicht so neu, denn bereits im 19. Jahrhundert wurde mit geeigneten Rotweinsorten experimentiert und die Formel für den heutigen **Chianti Classico** erfunden, der hauptsächlich aus Sangiovese-Trauben besteht, aber mit Canaiolo- und/oder Malvasia-Trauben verfeinert werden kann. Wein scheint omnipräsent – aber die Winzer haben schon lange gemerkt, dass sie nur mit Qualität überleben können, daher ist selbst im berühmten Chianti-Gebiet die Anbaufläche begrenzt und es wird darauf geachtet, dass nur eine bestimmte Menge pro Hektar überhaupt produziert wird. Eine der größten Weinkellereien ist die der Familie **Antinori** (Tour 1, S. 42 u. S. 47), wahre Fürsten des Weinbaus von heute. Wenn nicht Wein produziert wird, werden **Oliven** geerntet und zu Öl verarbeitet. Gutes, kalt gepresstes **Olivenöl** aus der Toskana hat seinen Preis – und Qualität. Um die Landschaft zu erhalten, herrschen für Landbesitzer strenge Auflagen, was sie anpflanzen müssen und wie sie die alten Gebäude zu bewahren haben. Wenn man heute durch die liebreizende Toskana fährt, ist dies das Ergebnis strenger Kontrolle durch den Staat. Ein neues Eigenheim für die Kinder neben den alten Hof setzen? Praktisch unmöglich.

Von Festungen beschützt

Kultur und Gesellschaft

Bergdörfer mit Kastellen, schmalen Straßen und weiten Blicken in die umliegende Landschaft – so lässt sich die Szenerie vielerorts beschreiben. Was heute pittoresk anmutet, hatte einst einen ernsten Hintergrund: Das Leben in der Toskana war gefährlich.

Die Toskana ist ein geschichtsträchtiges Fleckchen Erde. Das wird jedenfalls sofort greifbar, wenn man von einem kleinen Ort zum nächsten fährt, denn alle mittelalterlichen Orte (ital. *borghi*, Sg. *borgo*) liegen geradezu verschanzt auf Hügelkuppen, viele weisen noch immer ihre **zinnenbewehrten Stadtmauern** auf. Nicht von ungefähr, denn in Mittelalter und früher Neuzeit waren diese Landstriche gefährliche Plätze. Vonseiten der Tyrrhenischen Küste drohten Piraten und Sarazenen mit Überfällen, Plünderungen und Versklavung. Die meisten Orte an der Küste waren daher bis ins 20. Jahrhundert und bis zum einsetzenden Touristenboom arme Fischerorte, die Landstriche teilweise sumpfig. Ein schönes Beispiel ist der **Parco Regionale della Maremma** (Tour 5, S. 155) zwi-

Das Tempelgrab bei Sovana, die Tomba Ildebranda (S. 159), ist eine mächtige Nekropole der Etrusker.

schen Grosseto und Talamone, der von den früheren Wachtürmen überragt wird. Im Landesinneren hingegen waren es meist die Nachbarstädte, von denen fortwährend Aggressionen ausgingen, wenn man nicht selbst der Aggressor war. Erst mit dem Erstarken einzelner **Stadtrepubliken** und ihrer führenden Familien – wie etwa der **Medici** aus Florenz oder der **Aldobrandeschi** (Letztere haben eine unüberschaubare Anzahl von Kastellen und Festungen hinterlassen) – gelang es zum Teil, ein gewisses Areal zu befrieden und nach außen hin durch eine ganze Kette von Burg-Städten zu sichern. So lassen sich auf unseren Touren etwa die Herrschaftsgebiete von Florenz oder Siena geradezu noch mit Händen greifen.

STADTREPUBLIKEN

Der kulturellen Blüte taten diese unsicheren Zeiten keinen Abbruch. Gerade durch die Eigenständigkeit der Städte entstanden Stadtrepubliken, heute noch sofort nachvollziehbar, wenn man an einem alten Rathaus (Palazzo Pubblico oder Comunale, Pretorio usw.) vorbeikommt, das mit den Wappen der großen Familien geschmückt ist, wie z. B. in **Certaldo** (Tour 1, S. 49). Hier entstanden Bürger-Gesellschaften, ohne die sich unsere Demokratien in Westeuropa nicht hätten entwickeln können. Wer heute durch die mittelalterlichen Gassen der alten toskanischen Städte flaniert, wandert durch den frühen Experimentierraum der modernen Gesellschaften. Unter dem Schutz und mit den finanziellen Mitteln der großen Familien entstanden bahnbrechende künstlerische Meisterwerke in Literatur, Architektur, Malerei und Bildhauerei.

GEHEIMNISUMWOBEN: DIE KULTUR DER ETRUSKER

Natürlich haben auch die **Römer** ihre Spuren hinterlassen, denn Rom, ebenfalls lediglich ein Stadtstaat, eroberte erst den italienischen Stiefel und dann seine Provinzen. Doch selbstverständlich lebten andere Völker und Kulturen im vorrömischen Italien. Am interessantesten – und bis heute immer noch mit Rätseln behaftet – sind die Etrusker, ein altes italisches Volk, das eine von den Griechen beeinflusste Hochkultur entwickelt hat und in **Volterra** (Tour 3, S. 85), **Chiusi** (Tour 4, S. 128) oder in der unterirdischen Stadt bei **Sovana/Pitigliano** (Tour 5, S. 159) besonders greifbar wird. Auch sie haben ihre Städte gut befestigt, und einer ihrer Könige, Porsenna, soll sogar Rom erobert haben. Heute zeugen ihre Gräber mit den Malereien von der Lebensweise der Etrusker.

Die Highlights der Toskana im Wechsel der Jahreszeiten

Pisa

Capodanno

Am 25. März feiert man in Pisa Capodanno, Neujahr, und zwar gemäß einer alten Tradition aus dem 18. Jahrhundert dann, wenn ein Sonnenstrahl durch die Glasfenster des Doms genau um 12 Uhr mittags ein marmornes Ei auf der Kanzel beleuchtet.

Toskanaweit

Pasqua (Ostern)

Zu Ostern gibt es zahlreiche Osterfeierlichkeiten, so den Scoppio del Carro mit Feuerwerk in Florenz. Der Karfreitag ist kein Feiertag, am Ostermontag *(pasquetta)* hat der Familienausflug Tradition.

März

Der März ist ein Übergangsmonat und kann schon recht warm, aber auch ungemütlich und regenreich sein. Die Kirsch- und Obstbäume blühen.

Tagesdurchschnittstemp. 10 °C

April

Nun wird es wärmer und das Getreide *(grano)* sprießt. In den Weinbergen und auf den Feldern blüht der Mohn und sorgt für Blütenpracht.

Tagesdurchschnittstemp. 14 °C

Frühlingsimpressionen

Im April blüht der Klatschmohn inmitten der toskanischen Weizenfelder, wie hier südlich von Siena (Tour 3, ab S. 88).

Greve in Chianti

Festa dei Fiori

In Greve in Chianti findet das Blumenfest, die Festa dei Fiori, auf der Piazza Matteotti statt. Daneben bietet die Stadt zahlreiche weitere Events und mit »città slow« zum Beispiel kulinarische Köstlichkeiten aus der Region.

Fiesole

Estate Fiesolana

So langsam beginnt der Festivalsommer, zum Beispiel in Fiesole bei Florenz. Die Estate Fiesolana präsentiert im Teatro Romano Filme, Theater und Musik.

Viareggio

Mille Miglia

Durch Viareggio kommt ein elitäres Oldtimer-rennen, eher eine gediegene Rundfahrt für betuchte Autofans – die Mille Miglia, 1000 Meilen.

Mai

Der Mai ist der ideale Frühlingsmonat. Zahlreiche Veranstaltungen locken, und die Kirschernte verwöhnt den Gaumen.

Tagesdurchschnittstemp. 18 °C

Juni

Warm und sonnig, die Bildungsreisenden aus Deutschland sind wieder bei der Arbeit, und die Sommerferien haben noch nicht begonnen.

Tagesdurchschnittstemp. 22 °C

Siena

Palio di Siena

Der 2. Juli ist der Termin für den ersten Palio di Siena im Jahr. Auf der Piazza del Campo, dem Hauptplatz von Siena, findet dieses spektakuläre Pferderennen statt, bei dem die Stadtteile gegeneinander konkurrieren.

Montepulciano

Bravio delle botti

Wettlaufen mit Fässerrollen? Das bietet Montepulciano beim Bravio delle botti (www.braviodellebotti.com).

Lucca

Summer Festival

In Lucca bietet das Summer Festival eines der hochkarätigsten Musik-Events der Toskana (www.luccasummerfestival.it).

Juli

Heiß und sonnig. Nun werden die Felder des berühmten Grano duro (Hartweizen) geerntet, der für die originale italienische Pasta so wichtig ist.

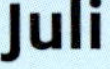

Tagesdurchschnittstemp. 25 °C

August

Zu Ferragosto (Mariä Himmelfahrt) geht nichts mehr, denn der 15.08. ist der angeblich heißeste Tag des Jahres. Ganz Italien macht frei.

Tagesdurchschnittstemp. 24 °C

Impruneta

Festa dell'Uva

In Impruneta südlich von Florenz wird die Festa dell'Uva, das Fest des Weins, gefeiert, mit aufwendig gemachten Kostümen und Tänzen auf der Piazza. Auch in zahlreichen anderen Städten finden Weinfeste sowie Veranstaltungen in historischen Kostümen *(rievocazioni)* statt.

Volterra

Volterragusto und **Palio dei Caci**

In Volterra findet der Volterragusto statt. Auf dem Markt werden der lokale Weiße Trüffel und andere Produkte des Val di Cecina angeboten (www.volterragusto.com). Ebenfalls in Volterra: der Palio dei Caci, ein traditionelles Käserennen, bei dem der Käse so manche Hürde aus Strohballen nehmen muss.

September

Nun ist es Zeit für die Weinernte. Die Temperaturen sind nicht mehr so hoch. Die Sommerferien sind zu Ende; für Reisende ein optimaler Monat.

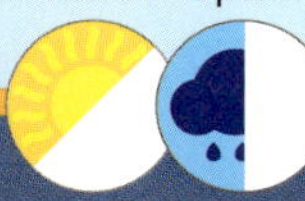

Tagesdurchschnittstemp. 20 °C

Oktober

Die Herbstfarben in der Natur lassen die toskanische Landschaft glühen. Kastanien, das Brot der Armen, werden geerntet.

Tagesdurchschnittstemp. 15 °C

Alle haben frei

Im Juli und August, wenn die Temperaturen auf Rekordhöhe hochschnellen, zieht es alle ans Meer (Tour 5, ab S. 138).

Florenz

Firenze Marathon

Die Saison ist zu Ende, dennoch ist Florenz im November eine Reise wert. Übrigens sind die Italiener ein laufbegeistertes Volk geworden, und der Florenz-Marathon (www.firenzemarathon.it) gehört zu den schönsten Events dieser Kategorie. Start und Ziel liegen auf der Piazza Duomo.

Florenz und Siena

Weihnachtsmarkt

In der Vorweihnachtszeit finden große Weihnachtsmärkte statt, so etwa in Florenz auf der Piazza Santa Croce oder in Siena auf der Piazza del Campo.

November

Der November ist der sprichwörtliche Regenmonat in Italien – und das gilt ganz besonders in der Toskana. Die Oliven werden geerntet.

Tagesdurchschnittstemp. 11 °C

Dezember

Kühl und regnerisch in der Ebene, eventuell Schneefall in den Bergen, etwa in den Apuanischen Alpen. Hier ist Skifahren möglich.

Tagesdurchschnittstemp. 6 °C

Buti

Palio delle contrade

In der kleinen Stadt Buti findet ein Palio der Stadtteile *(contrade)* statt, also ein Pferderennen. Begleitet wird das Event durch kulinarische Feste und ein Reenactment *(rievocazione)* der eigenen historischen Vergangenheit.

Viareggio

Karneval

Der Karneval in Viareggio und in vielen anderen Städten gehört zu den Höhepunkten des Jahres. In Viareggio gibt es extravagante Fahrgestelle, hier auch unter anderem mit politischen Motivwagen. Das italienische Fernsehen überträgt das Spektakel live.

Januar

Mild und regenreich – so ist traditionell der Winter in der Toskana. Schnee ist in manchen Lagen möglich, aber es gibt keinen strengen Frost.

Tagesdurchschnittstemp. 6 °C

Februar

Immer noch mild und ziemlich regnerisch. Der Klimawandel macht allerdings schon jetzt so manchen Strandbesuch möglich.

Tagesdurchschnittstemp. 7 °C

Indian Summer in Italien

Ab Ende August beginnt die Weinlese *(vendemmia)*. Die Rebzeilen, wie hier in Bolgheri, liefern den Most für erlesene Weine (Tour 3, ab S. 83).

TOUR 1

Das Herz der Toskana

Rund um das prächtige Florenz

Florenz, die glanzvolle Stadt am Arno, lädt nicht nur zu Spaziergängen oder Radtouren ein, im direkten Umland gibt es gleichfalls viel zu entdecken: Dazu zählen ganz unterschiedliche Landschaften, die in gewisser Weise eine Toskana im Kleinen darstellen. Die drei Tagesetappen, die in dieser Tour vorgeschlagen werden, ordnen sich kleeblattartig um die Stadt der Medici an und erschließen im Norden das Mugello-Gebiet mit seinen bergigen Landschaften, im Südosten das obere Chianti-Tal mit seinen Weinbergen sowie im Südwesten das Val d'Elsa mit seinen Festungen Certaldo, dem Geburtsort Boccaccios, und Castelfiorentino.

Siehe Seite 49

Im Val d'Elsa, das lange zum Herrschaftsgebiet von Florenz gehörte, liegen auf den Anhöhen zahlreiche befestigte Orte, wie Certaldo.

Die Tour auf einen Blick

ORTE ENTLANG DER ROUTE

1. Florenz – Fiesole – Borgo San Lorenzo – Firenzuola – Passo della Futa – Florenz

2. Florenz – Piazzale Michelangelo – Impruneta – Greve in Chianti – Badia a Passignano – Florenz

3. Florenz – San Casciano in Val di Pesa – Certaldo – Castelfiorentino – Florenz

KILOMETER
ETAPPE 1: 123 KM
ETAPPE 2: 76 KM
ETAPPE 3: 119 KM

Navigation und GPX-Download

REINE FAHRTZEIT
ETAPPE 1: 3 STUNDEN
ETAPPE 2: 2 STUNDEN
ETAPPE 3: 2 ¾ STUNDEN

ETAPPE 1

Von Florenz über Fiesole ins Mugello-Tal

↔ 123 km ca. 3 Std.

Aus **Florenz** führt Sie die Via San Domenico hinaus, an deren Beginn bereits das erste Ziel der Etappe, Fiesole, ausgeschildert ist. Zur Abzweigung führen die großen Boulevards, der Viale Augusto Righi und der Viale Alessandro Volta, auf denen man in der Stadt am besten vorankommt. Kaum in die Via San Domenico eingebogen, beginnt eine entspannte Fahrt vorbei an Villen und Gärten, umstanden von den für Mittelitalien so typischen Schirmpinien und Zypressen. Man fährt vorbei an Natursteinmauern und Efeuhecken, unterbrochen von dem einen oder anderen Einfahrtstor (ital. *cancello*), bei dem man nur erahnen kann, was sich dahinter verbergen mag.

LANDSCHAFTSIMPRESSIONEN

In langen Kurven steigt die Straße langsam, aber stetig bergan, die Anwesen werden mit der Zeit immer exklusiver. Bald öffnet sich auch erstmals der Blick über die toskanische Landschaft, die so unverkennbar ist und bereits in den Gemälden und Fresken der Künstler des 15. und 16. Jahrhunderts verewigt wurde. Nach wenigen Kilometern erreichen Sie **San Domenico** mit seinem Kloster, das bereits zur città di Fiesole gehört. Einige Restaurants sowie Cafés laden zum Essen oder zumindest zu einem Espresso ein. Gleich am Ortseingang führt eine kleine Straße rechts ab zur **Villa La Fonte**, in der heute das European University Institute residiert. Der Convento selbst wird gegenwärtig noch von Dominikanern bewohnt.
Die Straße nach **Fiesole** führt nun wieder entlang von Gärten und Villen. Hinter einem dieser verschwiegenen Tore befindet sich die **Villa Sparta**, die einst Zufluchtsort der Königin Helene von Rumänien gewesen ist. Heute ist die Residenz in luxuriöse Apartments unterteilt und wird privat genutzt … – wer die extravagante Lage genießen darf, bleibt der Fantasie überlassen. Vor Fiesole lohnt es, linker Hand an einer kleinen Terrazza mit Bänken zu halten und einen prächtigen Blick über die Arno-Metropole zu genießen. Als erster Orientierungspunkt dient natürlich die Kuppel des Doms von Bru-

__Fiesole__ ist älter als Florenz, schon die Etrusker lebten und siedelten hier. In römischer Zeit entstand das Theater. Später wurde Fiesole zur Sommerresidenz der Reichen und Mächtigen vom Arno.

Weitere Details in der ADAC Trips App

Die Gegend in und um Fiesole, nur 8 km von Florenz entfernt, ist dicht besiedelt.

nelleschi. Auch in Fiesole selbst bietet sich von der zentralen Piazza Mino ein herrlicher Blick auf Florenz.
Schon immer hat man im höher gelegenen Fiesole gerne den Sommer verbracht. Bereits vor den Toren der Stadt zeugt eine Villa der Familie Medici von dieser Sitte. Die in den 1450er-Jahren erbaute Renaissancevilla ist noch privat bewohnt, der Garten kann aber nach Voranmeldung besichtigt werden. Wer Villenflair länger genießen möchte, kann bei den zahllosen Bed&Breakfast-Angeboten rund um Fiesole auf die Suche gehen, so manches bietet Unterkunft in einem historischen und gediegenen Ambiente. B&Bs gibt es von einfach bis luxuriös.
Heute lebt Fiesole vom Tourismus, denn die Stadt ist von Florenz aus gut mit Bussen erreichbar. Neben zahlreichen Restaurants und Cafés lockt nicht nur

Ein zauberhafter Anblick: die Hügel des Mugello, nördlich von Florenz, im Sommer

der Panoramablick auf Florenz, sondern auch das Römische Theater aus der Zeit von Kaiser Claudius, im Sommer Ort für Aufführungen und Konzerte. Während der Estate Fiesolana (www.estatefiesolana.it) wird ein buntes Programm präsentiert: von Jazz und Literatur über Lucio-Dalla-Songs und Battiato-Lieder, selbst die Pupi Siciliani (traditionelle Stabmarionetten) von Signor Cuticchio aus Palermo treten hier auf.

Vinandro Ristorante

Kleine urige Stube auf dem Hauptplatz, die toskanische Küche nach überlieferten Rezepten und ebenso gute Weine bietet. Piazza Mino da Fiesole 33, 50014 Fiesole, www.vinandro.it

Sie verlassen Fiesole auf der SP 54 (Ausschilderung Olmo), die den Beinamen *dei bosconi* trägt und auch tatsächlich durch lichte Wälder führt, die sich bald mit herrlichen Olivenhainen abwechseln. Einzelne Gehöfte liegen am Wegesrand, und die Straße steigt stetig an. Hinter **Olmo** gelangt man auf die SR 302, die am Torrente Mugnone nach Borgo San Lorenzo führt. Der Mugnone fließt vom Mugello-Gebirge hinunter durch Florenz bis in den Arno. In diesen mündete er ursprünglich an der Stelle, wo heute der Ponte Vecchio den Fluss überspannt und sich einst die Keimzelle von Florenz befand.

DAS GEBIET DER MEDICI

Borgo San Lorenzo schmiegt sich an die Hänge des Mugello-Gebirges, das der ganzen Region ihren Namen gab. Prägend ist der Fluss Sieve, an dem nicht nur Borgo San Lorenzo, sondern auch der Nachbarort Scarperia e San Piero liegt. Bei der Anfahrt nach Borgo San Lorenzo sieht man die Bergkette des Mugello-Gebirges bereits von Ferne. Der Ort teilt sein Schicksal mit dem Bereich der Toskana nördlich von Florenz, denn nach und nach kamen hier alle Orte unter die Gewalt der Republik Florenz und insbesondere der Medici.

Er ist einer der größten künstlichen Seen Italiens: der Lago di Bilancino nahe Florenz.

Diese berühmte Familiendynastie war darauf bedacht, ihr Territorium durch Burgen und Befestigungen abzusichern und rund um Florenz ein weiträumiges Verteidigungssystem zu errichten. Bekannt ist Borgo San Lorenzo aber auch für seine Keramikproduktion. Die Manifattura Chini stattete im 19. Jahrhundert zahlreiche Jugendstilgebäude und Interieurs aus, wie etwa die vornehmen Thermen von Montecatini (Tour 2, S. 60). In der zentralen Villa Peccori Giraldi findet sich heute ein Museum zur hiesigen Töpferkunst.

Über **Scarperia e San Piero** geht die Fahrt auf der landschaftlich sehr reizvollen SP 503 weiter nach Norden, bis nach Firenzuola. Scarperia selbst ist übrigens für eine Rennstrecke bekannt, den Autodromo del Mugello, der Motorradrennen dient, aber auch als Teststrecke für die Scuderia Ferrari genutzt

Villa Campestri Olive Oil Resort

Diese edle Unterkunft liegt südöstlich von Borgo San Lorenzo und bietet in einer Renaissancevilla Urlaub auf dem Land mit Spa, Gourmet-Küche, einschließlich der Verkostung des eigenen Olivenöls und natürlich der Weine. Ein Urlaub also für alle Sinne.
Via di Campestri 19/22, 50039 Vicchio di Mugello, www.villacampestri.com

wird. Die SP 503 selbst ist auch bei Motorradfahrern ausgesprochen beliebt. Hinter Scarperia geht es gleich hinauf in die Berge, und bevor man auf den Giogo, den Pass gelangt, erinnert eine Gedenktafel rechts am Wegesrand an die Kämpfe im Zweiten Weltkrieg, die hier stattgefunden haben. Denn genau hier verlief die sogenannte Gotenlinie, an der amerikanische Truppen die deutschen Verbände bekämpft haben.
Bis zum **Giogo di Scarperia** geht es auf 882 m bergauf, um dann wieder nach Firenzuola hinabzuführen. Oben fährt man an Weiden und Heuwiesen vorbei und kommt immer wieder auch durch Waldgebiete. Auf dem **Passo del Giogo** selbst gibt es ein Restaurant mit zünftiger Kost wie Wildschwein und gebratene Tauben.
Firenzuola, das »kleine Florenz«, wie es sich heute präsentiert, wurde von den Medici gegründet – und diente strategischen Zwecken. Aus dieser Gegend bekam der Bildhauer Brunelleschi (hauptsächlich bekannt für seine Kuppelkonstruktion des Florentiner Doms) seine »Pietra serena«. Diesen »grauen Marmor« kann man in vielen Bauten von Florenz sehen, etwa in den Uffizien oder in der Kirche San Lorenzo.

FÜR MOTORRADFAHRER

Die SP 503 führt weiter nach Pagliana und La Casetta, um dann in die Straße einzubiegen, die zum **Passo della Futa** (903 m) leitet, nämlich auf die SS 65 della Futa (Ausschilderung Firenze). Auch diese Strecke, bis hinunter zum Lago di Bilancino, ist bei Motorradfahrern sehr beliebt, denn sie ist nicht nur ein landschaftliches, sonder auch in fahrtechnischer Hinsicht ein Erlebnis. Am Futa-Pass selbst kann man schon mal ein Motorradtreffen erleben oder auch ein Zusammenkommen von *ferraristi* – mit den entsprechenden Wagen, versteht sich. Auf die Unterstützung von Automobilisten und ihre Beherbergung sowie die Verköstigung hat man sich hier schon früh spezialisiert. Auch Autorennen fanden hier statt.

 **Passo della Futa**

Auf dem Passo della Futa gibt es ein Restaurant – seit 1890! Beste toskanische Küche für Liebhaber großer Steaks, guter Weine, knackiger Cantuccini. Via Traversa-Futa 1484, 50030 Firenzuola, www.passodellafuta.com

SPRUNG INS KALTE WASSER

Die durchweg sehr gut ausgebaute SS 65 führt Sie nun weiter zurück nach Florenz, vorbei am **Lago di Bilancino** (Bademöglichkeit). Aus dem Stausee, der Florenz und Prato mit Wasser versorgt, ist ein Naherholungsgebiet mit Badestränden und Sportmöglichkeiten geworden – sowie ein ökologisch wertvolles Biotop für Vögel und Fische. Mittels Wasserkraft wird hier zudem Energie gewonnen.
Vor **Florenz** werden die Natursteinmauern an den Straßenseiten wieder häufiger, verschwiegene eiserne Toreinfahrten zu versteckten Villen reihen sich aneinander, und mit einem Mal sieht man auch wieder Florenz in der Ferne liegen.

Von einer Anhöhe auf dem Weg nach Fiesole genießt man einen atemberaubenden Blick über Florenz. Deutlich erkennbar: die Kuppel des Doms und der Campanile.

ETAPPE 2

Von Florenz in das obere Chianti-Gebiet

 76 km ca. 2 Std. 

Diese Etappe, die Sie ins südliche Hinterland von **Florenz** entführt, vermittelt bereits einen Eindruck vom nördlichen Chianti-Gebiet. Über den Ponte delle Grazie überqueren Sie den Arno und gelangen auf die andere Flusseite, ins Stadtviertel Oltrarno – Sie folgen immer dem Lungarno, bis die Straße mit Ausschilderung Siena leicht rechts vom Fluss wegführt und schließlich auf den Viale Michelangelo einmündet.

ZUM AUFTAKT: MICHELANGELOS »DAVID«

Den **Piazzale Michelangelo** kann man nicht verfehlen. Reisebusse, kreuz und quer geparkte Autos und darüber die bronzene Nachbildung von Michelangelos »David«! Dennoch ist dieser im 19. Jahrhundert geschaffene, 104 m hoch gelegene Platz ein einmaliger Ort, denn von hier aus hat man den berühmtesten Blick auf Florenz. Terrassen breiten sich um die Statue des »David« herum aus. Senkt sich das Abendrot über der Stadt, kann die Aussicht besonders spektakulär werden – und ist insbesondere bei Liebespaaren sehr beliebt. Überflüssig zu sagen, dass sich auch Brautpaare hier sehr gerne fotografieren lassen.

Über den Viale Galilei (die Fortsetzung des Viale Michelangelo) geht es aus dem Stadtgebiet von Florenz hinaus und auf der SP 70 nach Süden Richtung Impruneta. Dabei kommen Sie an der **Medici-Villa Poggio Imperiale** vorbei. Die prächtige Villa, die allerdings im

18. und 19. Jahrhundert barock und klassizistisch umgestaltet wurde, ist heute Sitz eines Mädcheninternats, kann aber im Rahmen einer geführten Tour besichtigt werden. Mozart soll hier 1770 ein Konzert gegeben haben.

 **Castello di Cafaggio**

Übernachten im edlen Ambiente einer Medici-Villa, umgeben von einer hügeligen Landschaft und jahrhundertealten Weinbergen (Zimmer und Suiten). Via del Ferrone 58, 50023 Impruneta, www.castellodicafaggio.com

STIPPVISITE BEI DEN TÖPFERN

Die SP 70 führt Sie nach **Impruneta**, einen Namen, den Sie vielleicht wegen der hier hergestellten Ton-Ware kennen, Keramik für Haus und Garten. Inzwischen ist »Impruneta« eine eigene Marke. Zentrum ist die Piazza Buondel-

Touristen-Hotspo, kein Wunder bei diesem Anblick: der Piazzale Michelangelo in Florenz

Ein typisches Produkt der Region sind die Salumi Toscani.

monti. Die SP 70 wird hinter Impruneta zur SP 69, die aus dem Ort hinausführt. Über sie gelangt man auch zum südlich des Städtchens gelegenen Castello di Cafaggio.

WEIN UND GENUSS …

Über Santa Cristina und Strada in Chianti führt die SR 222, die stimmigerweise den Beinamen Chiantigiana trägt, nach **Greve in Chianti**, einem der Zentren im Chianti-Gebiet. Schon entlang der Straße heißt das Hauptthema: Wein.

Antica Macelleria Falorni

Ein Traditionsunternehmen seit 1806! Handwerklich sorgfältig hergestellte Waren (Salami und Wurstwaren) in dieser empfehenswerten Salumeria.
Via di Colognole 67, 50022 Greve in Chianti, www.falorni.it

Im Zentrum auf der Piazza Giacomo Matteotti bieten kleine Läden unter den charakteristischen Arkaden toskanische Leckereien. Am Palazzo Communale prangt der berühmte Gallo Nero, der Schwarze Hahn, das Symbol für den Chianti Classico.

… AUS DEM KLOSTER

Eine kleine und schmale Straße führt nun durch Olivenhaine über Montefioralle zur **Badia a Passignano** (ab der SP 118 ausgeschildert). Die Abtei, die immer noch als Kloster fungiert, hat ihre Rebflächen an die berühmte und auch in Deutschland bekannte Winzerfamilie Antinori abgetreten. Entsprechend kann man die Kellerei besichtigen und die Weine auch verkosten … oder auch einfach nur einen Spaziergang in dieser wunderschönen harmonischen Landschaft machen.
Tipp: Zwischen Passo dei Pecorai am Fiume Greve und Greve in Chianti gibt es gute Möglichkeiten, eine **Wanderung durch die Weinreben** zu unternehmen. Über Ferrone, Strada und Grassina gelangen Sie auf sehr schöner Strecke zurück nach Florenz.
Vor den Toren von Florenz liegt die Stadt **Grassina**, in der zu Ostern Passionsspiele (Rievocazione della passione di Cristo) aufgeführt werden, die auf die Erlösung von einer Pest zurückgehen.
Die Stadt Grassina soll übrigens die Stadt der Wäscherinnen gewesen sein, die im Fluss Ema die schmutzige Wäsche der vornehmen Florentiner gewaschen haben.

Die Winzerfamilie Antinori bewirtschaftet heute die Rebflächen der Abtei Badia a Passignano.

UMSTEIGEPUNKT
GREVE IN CHIANTI

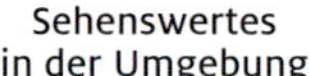

Sehenswertes in der Umgebung

Greve in Chianti mit seiner stimmungsvollen Piazza Matteotti ist bekannt für Wein und Delikatessen und bietet sich als Umsteigepunkt zur Tour 3 an. Wer ein festes Standquartier einer Rundreise vorzieht, findet in dieser Gegend Bed & Breakfasts oder *agriturismi*, von denen aus sich zahlreiche Ausflüge unternehmen lassen. Meist nicht ganz billig, bieten die alten Häuser als Unterkünfte aber Luxus und teilweise einen Pool. Siena, Florenz, San Gimignano, Volterra und auch Arezzo lassen sich von hier aus tageweise gut erkunden – Florenz sogar mit öffentlichen Verkehrsmitteln.

AUSFLUGSTIPP
Zwischen Greve und Radda liegt **Panzano in Chianti**. Der kleine

pittoreske Ort erhebt sich auf einer Kuppe und bietet großartige Ausblicke in das Chianti-Gebiet. Ein ökologisch betriebenes Landgut nahebei stellt Wein und Olivenöl her und bietet in den kleinen Steinhäusern auf dem Gut auch Unterkünfte: Vignamaggio, an der SR 222 gelegen. www.vignamaggio.com

Panzano in Chianti: ein Urlaubsdomizil inmitten der Weinberge

ZUR TOUR 3

Von Greve in Chianti ist es nur eine kurze Fahrt bis nach Radda in Chianti und somit zur Anknüpfung an die Tour 3.

Auf der Piazza Matteotti in Greve in Chianti findet am Samstagmorgen ein riesiger Markt statt, auf dem erlesene toskanische Spezialitäten angeboten werden.

ETAPPE 3

Von Florenz durch das Val d'Elsa

↔ 119 km ca. 2 ¾ Std.   

Diese Etappe führt in das Gebiet südwestlich von **Florenz**, ins Val d'Elsa. Die Fahrtroute umschreibt ähnlich wie in Etappe 1 das weitere Herrschaftsgebiet der früheren Republik Florenz und ihrer führenden Familie, der Medici. Um aus der Stadt zu kommen, überqueren Sie den Arno auf dem Ponte di Varlungo und nehmen die Autobahn über Bottai bis nach **San Casciano in Val di Pesa**. Alternativ kann man in diese Tour auch den Piazzale Michelangelo einbauen,

Kurz hinter Barberino Val d'Elsa liegt das Dorf Petrognano.

fährt wie in Etappe 2 beschrieben aus Florenz hinaus und nimmt dann ab Bottai die Autobahn. Die SR 2, die sich um die Autobahn herumwindet und dem Flussverlauf der Pesa folgt, kann man ebenfalls nehmen, ein richtiger landschaftlicher Gewinn ist sie allerdings nicht. In der Toskana sind es häufig die von den Flüssen geschaffenen Schneisen, durch die die großen Straßenachsen, die Eisenbahntrassen und auch die modernen Autobahnen gelegt wurden.

 **Antinori nel Chianti Classico**

Die berühmte Winzerfamilie Antinori unterhält in der Toskana eine Reihe von Weingütern. Der futuristische Bau bietet Weinproben, Verkauf sowie ein Restaurant. Via Cassia per Siena 133, 50026 Bargino, www.antinori.it

San Casciano liegt im Tal des Flusses Pesa, im Val di Pesa. Das mittelalterliche Stadtbild, wie es seit dem 13. Jahrhundert existiert, als San Casciano einer der Vorposten der Republik Florenz war, ist gut erhalten. Die mächtigen Stadtmauern zeugen von der militärischen Bedeutung um 1400. Im Zweiten Weltkrieg erlitt San Casciano durch die sich zurückziehenden Deutschen und die Kämpfe mit den Alliierten starke Zerstörungen. Heute ist es eine lebhafte Stadt, jedoch kein Touristenzentrum.

SEHR FUTURISTISCH

Sein eigentliches Highlight liegt etwas weiter Richtung Süden an der SR 2: das große **Weingut Antinori nel Chianti Classico**, das mit seiner futuristischen Architektur in die Weinberge eingelassen ist. Mit Gras und Reben bewachsen (und begehbar), fällt es aus der Vogelperspektive kaum auf. Das rostbraune Metall und die geschwungenen Formen mit den Glasfronten lassen es mit der Weinlandschaft regelrecht verschmelzen (als Deutscher denkt man unwillkürlich an das Kaiserstühler Weingut von Fritz Keller, das demselben Prinzip folgt). Der Parcheggio Antinori zeigt, dass man hier auch mit einer größeren Menge Gäste rechnet.

Von Certaldo aus schaut man weit ins Land hinaus und kann sogar bis nach San Gimignano blicken. Das Rathaus trägt die Wappen der einst führenden Familien.

Auf schöner Strecke führt die SR 2 weiter nach **Barberino Val d'Elsa** (generelle Ausschilderung ist das blaue Siena-Schild). Es lohnt sich, im malerischen Barberino kurz anzuhalten und die Stufen zur Kirche hinaufzugehen. Die Fahrt geht dann weiter nach **Certaldo**. Dazu nimmt man die gut ausgeschilderte kleine Straße, die nach der Ortschaft Barberino gleich rechts abbiegt.

ZEIT FÜR POESIE

Es erwartet Sie eine herrliche Fahrt durch die Hügellandschaft mit ihren Olivenbäumen, die Straße wird von kleinen Steinmauern gesäumt. Immer wieder eröffnen sich weite Blicke in die Landschaft mit ihren Gehöften.
Tipp: **Casa Boccaccio**. Das Geburtshaus des Dichters Giovanni Boccaccio ist nach dem Zweiten Weltkrieg weitgehend rekonstruiert worden. Eine kleine Bibliothek versammelt Übersetzungen seines Werks »Il Decamerone« in die Sprachen der ganzen Welt. Daneben befindet sich ein Turm, den man heute besteigen kann. Von hier aus hat man einen weiten Blick und kann bereits San Gimignano mit seinen charakteristischen Geschlechtertürmen ausmachen.

*Zu Fuß oder mit der Funicolare gelangt man in die mittelalterliche Oberstadt von **Certaldo**, nach Certaldo Alto. Dort lohnt unter anderem die Besichtigung des Palazzo Pretorio.*

Weitere Details in der ADAC Trips App

  **Castello di Oliveto dal 1424**

Hinter Certaldo gleich auf der SP 125. Die beeindruckende Burg bietet Weinverköstigungen und auch Apartments ... und natürlich alles für den Hochzeitstrubel, den man in Italien so liebt.
Via di Monte Olivo 6, 50051 Castelfiorentino, www.castellooliveto.it

Eine kurze Fahrt auf der SP 429 führt Sie weiter nach **Castelfiorentino**. Ein altes Kastell gibt es hier tatsächlich. Wer historisch interessiert ist, kann sich die Schlachten von Welfen und Ghibellinen (kaiser- bzw. papsttreuen Truppen) noch einmal vor Augen führen – die sogar in Dantes Inferno in der »Göttlichen Komödie« Einzug gehalten haben. Bereits auf der Anfahrt nach Castelfiorentino geht es durch flacheres Land. Das Tal der Elsa, jenes Flusses, der dem Tal den Namen gegeben hat, kündigt sich an. In den Ort hineinzufahren lohnt sich, wenn man sich für den Maler Benozzo Gozzoli interessiert (www.museobenozzogozzoli.it).

ZURÜCK NACH FLORENZ

Um nach Florenz zurückzukehren, nehmen Sie am besten südlich des Ortes die SP 4 Volterra Richtung **Montespertoli**, eine landschaftlich reizvolle Strecke mit weiten Ausblicken. Zahlreiche Olivenbäume säumen den Weg. Wer heute in der Toskana Land erwirbt, muss übrigens eine feste Anzahl an Bäumen pflanzen, damit das Gesamtkunstwerk der toskanischen Landschaft erhalten bleibt. Bei **Galluzzo Certosa** liegt die Certosa di Firenze, ein Kartäuserkloster.

RUNDGANG DURCH FLORENZ

Es gibt die Toskana – und es gibt Florenz (Firenze), die mit Abstand größte Stadt der Toskana und Hauptstadt der Regione Toscana. Allein in ihr könnte man sich wochenlang aufhalten und immer wieder Neues entdecken. Für ein erstes Kennenlernen oder einen Spaziergang vor oder nach dem Roadtrip hier ein Vorschlag.

Florenz, *Stadt der Medici und der Renaissancekünstler*

Weitere Details in der ADAC Trips App

BLICKPUNKT: DOM

Sie starten gleich vor der ganz großen Kulisse, dem **Duomo**, seinem freistehenden Campanile sowie dem gegenüberliegenden Baptisterium (Taufkapelle). Lassen Sie Ihren Blick über die Komposition dieses Raums schweifen, der aus jedem Blickwinkel wieder anders wirkt. Mit ihren verschiedenfarbigen Marmorsteinen ist die Domfassade Prachtentfaltung pur. Und wenn vor dem **Baptisterium** mal keine Fotos schießenden Grüppchen stehen, lassen Sie sich etwas Zeit für die Bronzetüren (es gibt mehrere Portale), die, wunderbar restauriert, die biblischen Geschichten erzählen. Wer schwindelfrei ist, kann auf die Domkuppel hinaufsteigen und einen unglaublichen Blick auf die Stadt genießen.

Eine kurze Straße Richtung Norden führt Sie zur Kirche **San Lorenzo**, einer der größten Kunststätten überhaupt, auch wenn die Fassade das nicht vermuten lässt – denn hier sieht man bis heute den Rohbau aus Backstein; die Fassade, die Michelangelo liefern sollte, wurde nie gebaut. Mit den Medici-Gräbern und der Biblioteca Laurenziana verbergen sich dahinter gleichwohl unglaubliche Schätze.

Zurück am Dom, geht es nun in die Via dei Calzaiuoli und hinunter zur Piazza della Signoria (das war der Stadtrat) und vor den Palazzo Vecchio.

Steht man vor dem **Palazzo Vecchio**, befindet man sich im einstigen politischen Zentrum der Stadt. Davor vielleicht die berühmteste Skulptur der Welt – der **»David«** von Michelangelo (heute eine Kopie). Die Loggia dei Lanzi wird Sie an die Feldherrenhalle in München erinnern. Seit einigen Jahren finden Werke moderner Künstler auf der Piazza ihre zeitweilige Ausstellung. Von hier gehen die **Uffizien** ab (die früheren Verwaltungsbüros), die Botticellis »Primavera« (Frühling) und die »Geburt der Venus« beherbergen.

ÜBER DEN PONTE VECCHIO

Ein kurzer Weg führt an den Arno und zum **Ponte Vecchio** mit seinen Goldschmiedeläden. Den schönsten Blick auf dieses bemerkenswerte Ensemble hat man freilich von der Nachbarbrücke Ponte Santa Trinità. Von dem Ponte Vecchio gelangt man auch zum mächtigen **Palazzo Pitti**, dem Stadtpalast einer der mächtigen Familien.

Am besten, Sie kehren nun zur Piazza della Signoria zurück und fädeln sich

dann durch die engen Straßen zur **Piazza Santa Croce**. Der Platz vor der geometrischen Kirchenfassade ist einer der ältesten Fußballplätze überhaupt. Hier wurde schon im 16. Jahrhundert eine Vorform des *calcio* gespielt.
Eine Stärkung gefällig? Eine gute Option wäre eine der traditionellen Metzgereien, die auch *panini* (Brötchen) und dazu einen preiswerten *Rosso toscano* anbieten. Bei vielen kann man sich hinsetzen und genießt ein reichhaltiges und wahrhaft köstliches Essen – zu einem überraschend niedrigen Preis.
Tipp: Mieten Sie sich ein Fahrrad, Florenz hat viel in **Fahrradrouten** investiert. Es gibt Leihräder per App an verschiedenen Orten, wer will kann auch eine geführte Radtour buchen. So kommen Sie zu den schönen Parks und in die weiteren Viertel der Stadt, die nicht so im touristischen Fokus stehen. Und wer sportlich ist: Jeden November gibt es den **Firenzemarathon** (2024 zum 40. Mal). Tun Sie's. Es wartet eine der schönsten Laufstrecken der Welt.

 **Panforte essen bei Migone**

Das typische Panforte in allen Varianten kann zum Kaffee oder auch mit süßem Wein genossen werden.
Via dei Calzaiuoli 85R, 50123 Firenze

Piazza di San Lorenzo
Via dei Banchi
Piazza del Duomo
Via dell'Oriuolo
Piazza della Repubblica
Via degli Strozzi
Via del Corso
Borgo degli Albizi
Via Roma
Via Porta Rossa
Piazza San Firenze
Via Giuseppe Verdi
Piazza della Signoria
Lungarno degli Acciaioli
Ponte Santa Trinità
Piazzale degli Uffizi
Borgo de' Greci
Piazza di Santa Croce
Lungarno Generale Diaz
Arno
Lungarno delle Grazie
Lungarno Torrigiani
Ponte alle Grazie

Der Norden der Toskana

Hinauf in die schroffe Bergwelt der Apuanischen Alpen und weiter an die Küste

Diese Tour bietet eine landschaftliche Vielfalt, die man vielleicht nicht sofort mit der Toskana verbinden würde. Denn nach der Besichtigung von Florenz, Vinci und Pistoia geht es in den bergigen Norden, der durch die schroffen Hänge der Apuanischen Alpen und burgartig wirkende Dörfer geprägt ist. Die Flüsse Torrente Lima und Serchio sind wahre Gebirgsflüsse mit Canyons und Strömungen – ideal für Flusswanderungen und Rafting. Zum Ligurischen Meer hin warten die Marmorberge von Carrara auf den Reisenden sowie die mondänen Küstenorte Forte dei Marmi und Viareggio, die Hauptstadt des Luxusjachtbaus.

Siehe Seite 64

Durch den Bade- und Ferienort Bagni di Lucca fließt der Torrente Lima, der flussaufwärts Canyons und Stromschnellen bildet.

Die Tour auf einen Blick

Castelnuovo di Garfagnana
Carrara
Massa
Bagni di Lucca
San Marcello Pitéglio
Montecatini Terme
Pistoia
Montecarlo
Viareggio
Lucca
Poggio a Caiano
Flughafen Amerigo Vespucci
Certosa di Calci
Pisa
Vinci
Artimino
Florenz
Marina di Pisa

ORTE ENTLANG DER ROUTE

1. Florenz – Poggio a Caiano – Artimino – Vinci – San Baronto – Monsummano – Montecatini Terme

2. Montecatini Terme – Pistoia – San Marcello Pitéglio – Castelnuovo di Garfagnana – Carrara – Viareggio

3. Viareggio – Lucca – Montecarlo – Calci – Pisa – Marina di Pisa

KILOMETER
ETAPPE 1: 84 KM
ETAPPE 2: 178 KM
ETAPPE 3: 101 KM

Navigation und GPX-Download

REINE FAHRTZEIT
ETAPPE 1: 2 ½ STUNDEN
ETAPPE 2: 4 ½ STUNDEN
ETAPPE 3: 2 ¾ STUNDEN

ETAPPE 1

Von Florenz über Vinci nach Montecatini Terme

84 km ca. 2 ½ Std.   

Ausgangspunkt der Tour ist der Flughafen Amerigo Vespucci von **Florenz**. Die Route fädelt sich durch die westlichen Außenbezirke der Arno-Metropole und verlässt die Stadt auf der Via Pratese über den Kreisel bei Osmannoro. Hat man den gleichnamigen Bahnhof passiert, gelangt man auf die SR 66. Dabei kommt man zunächst durch ein Industrie- und Geschäftsviertel, das daran erinnert, dass Florenz nicht nur eine berühmte Renaissancestadt ist, sondern auch eine moderne Großstadt und das wirtschaftliche Herz der Toskana.
Wo sich heute das moderne Florenz erstreckt und teilweise mit den Städten Sesto und Prato zusammengewachsen ist, befand sich im 15. und 16. Jahrhundert eine ländliche Gegend, die in einer Tagesreise zu erreichen war. Heute braucht man je nach Verkehr eine Viertelstunde auf der SR 66. Langsam wird die städtische Bebauung spärlicher, dafür tritt die Landschaft in den Vordergrund. Einzelne moderne Dörfer mit Ein- und Mehrfamilienhäusern liegen am Weg. Hier, vor den Toren der Stadt, wurden in der Vergangenheit Villen und Landhäuser errichtet, viele sind bis heute noch erhalten, darunter zahlreiche Villen der einst mächtigsten Familie in der Toskana: der Medici. Dazwischen strömt der Arno Richtung Mittelmeer.

HERRSCHAFTSSITZE DER MEDICI

Eine dieser Villen steht in **Poggio a Caiano**. Hier ließ sich Lorenzo il Magnifico (der Prächtige) ab 1485 von Giuliano da Sangallo eine prächtige

Villa errichten, die heute der Öffentlichkeit zugänglich ist (www.villegiardinimedicei.it). Die Villa thront auf einer Anhöhe und beherrscht die umgebende Landschaft. Bei der Besichtigung erfahren Sie auch vom tödlichen Geschick Francescos I. de' Medici und Bianca Cappellos. Starben die beiden an Arsen … oder doch an Malaria tropica? Nur knapp 10 km entfernt liegt bei **Artimino** gleich eine weitere Villa der Medici, etwas außerhalb des Ortes den Viale Papa Giovanni XXIII hinunter, eine schnurgerade Alleezufahrt, die zu der auf einem Hügel errichteten herrschaftlichen Villa führt. Sie ist in Privatbesitz, es gibt aber geführte Touren, man kann dort heiraten und ein Weingut besichtigen, die Tenuta di Artimino (www.artimino.com).

Nach diesen aristokratischen Stationen geht es von Artimino ein Stück die Straße zurück und bei La Serra weiter auf der SP 11. Auf gewundener Straße ge-

Eine majestätische Auffahrt führt zur Medici-Villa in Artimino empor.

Über eine gewundene Straße erreicht man Vinci, den Geburtsort Leonardo da Vincis.

langen Sie nach Vinci und können während der Fahrt bereits typisch toskanische Landschaftseindrücke sammeln – die Hügel *(colli)* mit ihren einzelnen Gehöften und kleinen Dörfern, die Zypressen und Olivenhaine. Auf der SP 43 genießt man einige herrliche Ausblicke auf die Landschaft.

Strada dell'olio e del vino del Montalbano

Wer die Gegend um Vinci erkunden möchte, kann sich bei dem Verein »Strada dell'olio e del vino del Montalbano« erkundigen. Mitglied sind hier *agriturismi*, Wein- und Ölproduzenten, Restaurants, Museen usw. Auf der Seite finden sich auch Tipps für kleine Rundfahrten. www.stradadileonardo.it

AUF DEN SPUREN LEONARDO DA VINCIS

Vinci, eine burgartige, lang gezogene Stadt auf einer Felskuppe, ist die Geburtsstadt des Malers und Erfinders Leonardo (daher »da Vinci«), und so dreht sich im Ort auch alles um dieses Universalgenie. Das Museum bringt den Besuchern die Erfindungen Leonardos nahe, eine Abteilung widmet sich seiner Malerei (www.museoleonardiano.it). **Tipp**: Wer zu einer kleinen Fußwanderung in die Umgebung von Vinci aufbre-

 **Grand Hotel Croce di Malta**

Charme vergangener Zeiten, Luxus und ein Spa – wenn man rechtzeitig bucht, bietet dieses Hotel ganz passable Preise. Gleich dahinter liegen der Thermenpark und die prachtvollen Bäderhallen der Jahrhundertwende.
Viale IV Novembre 18, 51016 Montecatini Terme, www.ghcrocedimalta.com

chen will, kann z. B. vom Zentrum aus zur **Casa Natale di Leonardo**, dem Geburtshaus Leonardo da Vincis, wandern (Strada Verde, itinerario/Wanderweg 14, ausgeschildert). Leonardo ist nämlich nicht in Vinci selbst, sondern in einem Vorort geboren.

SERPENTINENREICH

Von Vinci führt eine kurvige Straße nach Norden (SP 13), anschließend geht die Fahrt weiter auf der SR 435 über **Monsummano** zum Ziel dieser Etappe, nach **Montecatini Terme**. Diese Strecke führt durch eine waldige und bergige Gegend, nachdem die Via Pistoiese, wie die Straße hier auch heißt, zunächst durch weite, terrassierte Olivenbaumhaine hindurchgeleitet hat, und schlängelt sich dann am **Monte Albano** entlang. Hier steigt die Straße bis auf 350 m an. Das Montalbano, wie die Gegend auch genannt wird, erhebt sich bis auf 620 m und ist durch seine urige rustikale Küche bekannt, die freilich die frühere Armut dieser aus Berg- und Sumpflandschaft bestehenden Gegend belegt. Ab **San Baronto** winden sich dann malerische lange Serpentinen in die Ebene hinunter, die mit den **Padule di Fucecchio** einen naturgeschützten Sumpf aufweist. Als einer der größten Sümpfe Italiens ist dieses Gebiet seit der Antike bekannt und gefürchtet, da diese als gefährlich galten. Die Medici machten die Ebene bereits teilweise urbar. Heute ist sie ein Naturschutzgebiet und Vogelparadies.
1944 verübten deutsche Soldaten hier ein Massaker an Zivilisten und begingen schreckliche Gräueltaten. Ein Gedenkstein bei Castelmartini (San Rocco) erinnert daran.
Tipp: Fahren Sie nach **Montecatini Alto** hinauf (290 m) – die Burg ist mit der Seilbahn (Funiculare) erreichbar.

Siehe Seite 62

In Montecatini Terme ist die Vergangenheit des vom Jugendstil geprägten Bäderluxus bis heute lebendig geblieben.

UMSTEIGEPUNKT
MONTECATINI TERME

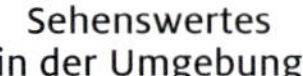

Sehenswertes in der Umgebung

Wer die Bergtour in Etappe 2 nicht machen möchte, kann auch gleich nach einem Aufenthalt in Montecatini Terme oder Umgebung das Gebiet um Lucca und Pisa erkunden (Etappe 3). Dass sich Montecatini Terme aber ebenso gut als Standquartier eignet, hat mehrere Gründe: Das überschaubare Städtchen (ca. 20 000 Einw.) weist neben den schmucken Thermalbädern auch etliche Bauwerke auf, die ihm längst den Ruf als Zentrum der Art-Nouveau-Architektur eingebracht haben. Dank der nahen Autobahn A 11 ist man zudem schnell in Florenz und kann überdies, nimmt man die Ausfahrt Firenze/Impruneta, einen Abstecher ins Chianti-Gebiet (Tour 1, Etappe 2) machen. Eine schöne Rundfahrt ist auch die Tour von Montecatini Terme nach San Marcello Piteglio, Castelnuovo di Garfagnana, um dann dem Fluss Serchio folgend direkt weiter nach Lucca zu fahren. Auch der Ort Vinci sowie die Medici-Villen in Poggio a Caiano und Artimino lassen sich auf Touren von Montecatini Terme aus besichtigen.

AUSFLUGSTIPP

Bei Camigliano liegt die eigenwillige, aber prächtige **Villa Torrigiani**, die allein schon wegen ihrer Gärten

Die barocke Gartenanlage der Villa Torrigiani zeugt von feudalen Zeiten und lohnt einen Besuch.

sehenswert ist. Im 16. Jahrhundert entstanden, wird sie heute immer noch von einem Nachfahren der edlen Marchesi bewohnt und ist zu besichtigen. Ganz in der Nähe findet sich auch der Ort **Collodi**, aus dem der Autor Carlo Collodi (eigentlich Carlo Lorenzini), der Erfinder des Pinocchio, stammt.

Das Baptisterium von Pistoia

ZUR TOUR 3

In Montecatini Terme können Sie zur Tour 3 Richtung Volterra und Chianti-Tal umsteigen.

ETAPPE 2

Von Montecatini Terme nach Viareggio

178 km ca. 4 ½ Std. 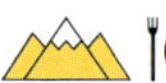  

Diese Etappe führt Sie durch eine Landschaft, die man vielleicht nicht sofort mit der Toskana verbinden würde. Denn hier im Norden zwischen den Ausläufern des Apennin und den Apuanischen Alpen ist die Gegend eher bergig, stellenweise regelrecht schroff.

Von **Montecatini Terme** geht es jedoch zuerst ins nahe gelegene Pistoia und somit zu einem Höhepunkt für Kunst- und Architekturliebhaber. An der SR 435 erstrecken sich moderne Vororte, bevor es durch eine mit Schilf und Gärten sowie einigen Baumschulen bestückte Landschaft ins Grüne geht. Bei Serravalle führt die Straße unter der Autobahn hindurch ins Zentrum von **Pistoia**. Herzstück der mittelalterlichen Stadt sind der Dom San Zeno und das gegenüber stehende Baptisterium. Nach Norden nehmen Sie die SS 66, die alsbald in die Berge, Ausläufer des Apennin, nach **San Marcello Piteglio**, früher San Marcello Pistoiese, führt. Lange begleiten Sie noch die Olivenhaine und Zypressen, immer wieder erlaubt die Straße schöne Ausblicke ins hügelige Umland. Doch bald folgen waldreiche Gebiete, und bei Le Piastre befinden Sie sich auf 740 m Höhe. Sie bleiben am besten auf der SS 66 und gelangen in einem Bogen über Pontepetri nach San Marcello.

*Für das in zahlreiche Konflikte zwischen Florenz, Pisa und Lucca verstrickte **Pistoia** ist die abwechselnde Verwendung von schwarzem und weißem Marmor typisch. Dass die Stadt für die Bezeichnung »Pistole« verantwortlich sei, ist eine Legende.*

Weitere Details in der ADAC Trips App

AM FLUSS ENTLANG

San Marcello liegt am Torrente Lima, der aus den Bergen des Apennin herunterrauscht und eine einmalige Flusslandschaft geformt hat. Er wird Sie ab jetzt bis Bagni di Lucca begleiten. Kurz hinter San Marcello überquert die SS 66 den Fluss und bringt Sie in die kleine Ortschaft **La Lima** samt einer Kirche und einer verlassenen Industrieanlage direkt am Lima. Kaum in die SS 12 eingebogen, Richtung Lucca, befindet man sich erneut auf einer schönen, aber auch kurvigen Straße mit viel Wald.

Tipp: Kurz hinter San Marcello geht es links ab nach Mammiano. Ausgeschildert ist hier auch bereits der **Ponte Sospeso**, eine Hängebrücke über dem Lima.

Der Torrente Lima hat Becken und Schluchten gebildet und lädt im Sommer zum Baden wie zum Flusstrekking, Canyoning und Rafting ein. Direkt an der SS 12 befindet sich der Sitz des Veranstalters t-rafting (www.t-rafting.com),

Wildflüsse wie hier der Serchio haben in den Apuanischen Alpen tiefe Flusstäler geschaffen und laden heute zum Abenteuerurlaub ein.

Castelnuovo ist das Zentrum der noch recht ursprünglichen Landschaft der Garfagnana.

der Wildwasserfahrten und andere Outdoor-Erlebnisse anbietet. Weiter flussabwärts liegt ein Wasserkraftwerk zur Stromgewinnung.

Immer am Torrente Lima entlang geht es nach Bagni di Lucca. »Schweiz der Toskana« nennt man diese Gegend auch. Das tief in den Kalkstein eingegrabene Flussbett erinnert tatsächlich etwas an manche Flusstäler der Schweiz, und vor Bagni di Lucca hat der Lima spektakuläre Canyons und Stromschnellen gebildet.

Bagni di Lucca war früher ein mondänes Seebad. Schon zu Römerzeiten waren die dortigen Thermalquellen bekannt. Heute ist Bagni di Lucca eine beliebte Urlaubsdestination, vor allem für Aktivurlauber, die Berglandschaften und Thermalquellen lieben.

Bei Fornoli verlassen Sie die SS 12 und biegen rechts ab, der Ausschilderung Castelnuovo Garfagnana folgend. Nun ist es der Fluss Serchio, dem Sie flussaufwärts folgen. Die gut ausgebaute Bergstraße SR 445 bringt Sie zügig nach **Castelnuovo di Garfagnana**. Es geht zunehmend vorbei an Buchen- und Eichenwäldern, aber auch Kastanien sieht man nun häufiger. Der Ort, dessen Name wörtlich das »neue Kastell« bedeutet, macht dieser Bezeichnung alle Ehre, denn die Altstadt wird noch heute von Wehranlagen geprägt. Hauptsehenswürdigkeit ist die Rocca Ariostesca, ursprünglich als Burg errichtet und später lange als Verwaltungsgebäude genutzt. Im 15. Jahrhundert wohnte hier zeitweise der Dichter Ludovico Ariosto, der auch politische Ämter bekleidete

und dessen »Orlando furioso«, »Der rasende Roland«, zu den Klassikern der italienischen Literatur gehört.
Auch Castelnuovo bietet sich als Ausgangspunkt für Outdoor-Aktivitäten wie Wandern oder Rafting an. Zahlreiche Unterkünfte, *agriturismi* und Gehöfte bieten Ferienunterkünfte. Die Hänge des Apennin, die hier zum Fluss Serchio abfallen, heißen »Garfagnana«. In dieser wald- und regenreichen Gegend dominiert eine rustikale Küche mit einfachen, aber geschmacksstarken Gerichten.
Von Castelnuovo fahren Sie die Straße, die Sie hergekommen sind, ein Stück weiter, um dann rechts abzubiegen auf die SP 43, die alsbald zur SP 13 wird.

DURCH DICHTE WÄLDER – BEI RADLERN BELIEBTE STRECKE

Die Ausschilderung weist bereits nach Viareggio/Forte dei Marmi. Auch hier folgt die Straße nun zuerst wieder einem Fluss, nämlich dem Torrente Turrite Secca. Sie kommen damit direkt in die Apuanischen Alpen und den Parco Regionale delle Alpi Apuane hinein.
Das Gebiet der Apuanischen Alpen lässt den Reisenden originäre, teils jahrhundertealte Mischwälder erleben, wie es sie in Europa kaum noch gibt. Die Bergwelt und die Abgelegenheit der Gegend haben sie geschützt. Daneben ist diese Strecke auch fahrtechnisch ein Spaß – den sich auch Rennradfahrer nicht entgehen lassen wollen, auf die man

Auch Michelangelos »David« ist aus dem berühmten Carrara-Marmor gefertigt worden.

*Die Apuanischen Alpen werden auch die »Marmoralpen« genannt, weil hier der berühmte Carrara-Marmor abgebaut wird. Das Naturschutzgebiet **Parco Regionale delle Alpi Apuane** umfasst ursprüngliche Laubmischwälder und unberührte Natur.*
Weitere Details in der ADAC Trips App

daher durch defensives Fahren etwas Rücksicht nehmen sollte.
Am **Lago di Isola Santa** vorbei, einem Stausee, der zur Stromerzeugung dient, biegt die SP 13 etwa 2 km hinter dem Lago rechts ab, Sie folgen nun der Ausschilderung nach Massa. Denn sehen sollte man die Marmoralpen natürlich schon. Die SP 13 führt in das Bergdorf **Arni** hoch (915 m) und macht dann einen U-Turn, um nach Massa zu gelangen. Hier heißt die Straße nun Via dei Colli (Weg der Hügel), und nach dem zweiten Tunnel erstreckt sich der Blick über die Bergkulisse und die leuchtend weißen Kalksteine, die mit den Wolken zu verschmelzen scheinen.

DER BERÜHMTE CARRARA-MARMOR

Die Via dei Colli führt in spektakulären Serpentinen hinunter zur modernen Stadt **Massa**, die sich bis zur Küste erstreckt. Einen kurzen Abstecher nach **Carrara** sollte man unbedingt einplanen. Es empfiehlt sich eine geführte Tour durch die Steinbrüche (mehrere

Luxus und Reichtum regieren unübersehbar in Viareggio.

Anbieter, darunter www.cavedimarmo tours.com). Dort finden sich die berühmten Marmorsteinbrüche von Carrara, die schon Michelangelo und anderen ihren besonderen, weiß schimmernden Werkstoff geliefert haben.
Von Massa ist es nur eine kurze Fahrt auf der SS 1 nach Viareggio. Man umfährt **Forte dei Marmi**, den berühmten Luxusort, in dem die Fiat-Familie Agnelli residierte. Thomas Mann soll sich übrigens hier seine Inspiration zu »Mario und der Zauberer« geholt haben.

Viareggio ist bereits um die Jahrhundertwende ein Luxus-Badeort gewesen, was sich an der Jugendstilarchitektur und den Badestellen, den *bagni*, ablesen lässt. Eine Warnung: In Viareggio kann es überall schnell SEHR teuer werden. Die Preise sind hoch, auch weil die Wohlhabenden, Berühmtheiten und Politiker lieber unter sich bleiben wollen.

***Viareggio**, Domizil der Reichen und Schönen, ist neben der historischen Bäderarchitektur auch bekannt für seinen Karneval, nur der in Venedig ist berühmter.*

Weitere Details in der ADAC Trips App

LUXUSJACHTEN

Vor allem ist Viareggio aber das Zentrum des Luxusjachtbaus. Die italienischen Bootsbauer von Benetti oder Perini Navi sind Meister ihres Fachs, wenn es um die schwimmenden Super-Paläste geht (1 Schiffsmeter kostet etwa 1 Mio. Euro). Branchenkenner schätzen, dass etwa 40 % der weltweiten Produktion aus Viareggio kommt. Im Winter werden die Jachten an Land gebracht und, schön in Folie verpackt, auch schon mal zwischen den Villen abgestellt.
Ausflugstipp: 8 km von Viareggio entfernt befindet sich der **Lago di Massaciuccoli**. Über die SS1 Richtung Süden folgt man den braunen Schildern Lago und Museo Puccini, denn am Seeufer befindet sich die **Villa Puccini** mit einem Museum des berühmten Opernkomponisten (»Tosca«, »Turandot«, www.giacomopuccini.it). In der angrenzenden Foresteria kann man übernachten. Am See lockt ein Restaurant.

ETAPPE 3

Von Viareggio zu den erhabenen Städten Lucca und Pisa

101 km ca. 2 ¾ Std.   

Von **Viareggio** führen Sie die SP 5 und anschließend die SS 439 wieder vom Meer weg ins Landesinnere und um ein ausgedehntes Sumpfgebiet mit dem **Lago di Massaciuccoli** herum. Bei **Massarosa** lockt ein Kräuter- und Blumen-Rundgang (www.laviadelleerbedeifiori.it), zudem führen hölzerne Stege durch einen Teil der Sümpfe. Eine Besonderheit hier sind die Lotusblütenfelder, die am Rand des Sumpfes gut gedeihen. Auch der nächste Ort entlang der Strecke, **Quiesa**, bietet die Gelegenheit zu einem Spaziergang mit Naturbeobachtungen.

__Lucca__, einst von den Römern gegründet und später für seine Seidenherstellung bekannt, präsentiert sich auch heute noch als mittelalterliche Schatztruhe.

Weitere Details in der ADAC Trips App

SUMPFLANDSCHAFT

Die SS 439 geleitet Sie weiter, Kehren *(tornanti)* führen von Quiesa in die Ebene (beliebte Rennradstrecke!) bis direkt vor die Stadtmauer von **Lucca**. Und das können Sie wörtlich nehmen, denn *le mura di Lucca* – die Mauern von Lucca – lassen sich rund um die alte Stadt noch gut erkennen und bilden heute einen grünen Gürtel um die Altstadt. Mit Baumalleen geschmückt, bieten sie die Gelegenheit zu Spaziergängen. In der mittelalterlichen Stadt selbst sind natürlich die Piazza dell' Anfiteatro, ein Platz, der mit seinem Oval immer noch das Amphitheater aus römischer Zeit erkennen lässt, und der Dom die absoluten Highlights. Die Torre Guinigi mit ihren Steineichen ganz oben auf der Aussichtsplattform dürfte gleichfalls einmalig sein.

Lucca hat seinen Namen übrigens vom etruskischen Begriff »luk« erhalten, was Sumpf bedeutet. Es ist nämlich der Fluss Serchio (Etappe 2), der hier für Sumpflandschaften gesorgt hat, als die Stadt in der Antike entstand.

Sie verlassen Lucca nach Osten über die Via Romana, die durch die moderne Stadt Lucca führt, die sich nach Osten weit ausbreitet. Auf die üblichen Vororte mit Küchenstudios und Autohäusern folgen in dieser flachen Gegend Felder, wobei die Dörfer von einst häufig in lockerer Bebauung ineinander übergehen. Von der SP 61 geht es schließlich in einer scharfen Kurve links ab auf die SP 31 (Via di Montecarlo) und hinauf in das 163 m hoch gelegene Dorf **Montecarlo**. Ausgezeichnet mit der *bandiera arancione* für eines der schönsten Dörfer *(borghi)* Italiens, ist Montecarlo eine mit Festungsmauern gut erhaltene mittelalterliche Stadt. Bei der Festung (Fortezza) liegt auch der Ort selbst, der

Dieses Bild sieht man nicht alle Tage: Auf der Torre Guinigi in Lucca gedeihen sieben Steineichen.

mit einigen Restaurants und Enotheken zum kulinarischen Verweilen einlädt. Die Trutzburg aus Ziegelsteinen ist ebenso einen Blick wert – vor allem aber bezaubert der Blick in die weinbewachsene Umgebung. Verschiedene Feste feiern den Wein und das Kunsthandwerk – so z. B. das im Mai stattfindende »Montecarlo è di strada«, das unter dem Motto »Artisti, Artigiani, vino e buon cibo« (Künstler, Kunsthandwerker, Wein und gutes Essen) steht. Sie kehren zur SP 61 zurück und folgen dann über Altopascio der SP 3 Richtung Süden. Flaches Land, mit viel Ackerbau, begleitet Sie nun, in der Ferne sieht man die Berge des Monte Pisano. Es geht durch die **Cascine di Buti**, und wer Zeit und Muße hat, kann kurz in das Bergdorf **Buti** abbiegen, wo es mit dem Castello Tonino und einer Medici-Villa einen alten Ort zu besichtigen gibt, der auf 85 m Höhe liegt und traditionell von Olivenöl und Kastanienernte sowie Holzproduktion gelebt hat.

RICHTUNG PISA

Die Fahrt bringt Sie anschließend an den Arno, und in einem Bogen geht es zur Kartause von Pisa, der **Certosa di Pisa** bzw. **Certosa di Calci**. Das weitläufige Kartäuserkloster beherbergt heute keine Mönche mehr, aber man kann die Räume besichtigen und sich einen Eindruck von ihrem einstigen Leben verschaffen. Das Gebäude beherbergt auch das Museo di storia naturale der Universität Pisa.
Sie folgen der SP 2 und gelangen immer ungefähr parallel zum Arno schließlich auf die SS 12, die direkt nach **Pisa** hineinführt. Linker Hand erhebt sich irgendwann eine mächtige Stadtmauer. Folgen Sie am Kreisel dem Schild »Parcheggio« nach rechts. Zum Schiefen Turm und in die Altstadt geht es dann zu Fuß. Der weltberühmte Schiefe Turm, *la torre pendente*, wurde – als er Anfang der 1990er-Jahre zu kippen drohte – stabilisiert und

Mit dem berühmtesten Turm der Welt geadelt, ist ***Pisa****, die Geburtsstadt von Galileo Galilei, auch eine lebendige Universitätsstadt.*

Weitere Details in der ADAC Trips App

Der Schiefe Turm (torre pendente) von Pisa ist zum Symbol für Italien geworden.

ein Stück weit wieder aufgerichtet. Er kann nach wie vor bestiegen werden. Ganz Pisa ist jedoch auf dem Sand der Flussmündung des Arno gebaut, der bei Marina di Pisa ins Mittelmeer mündet, und war wahrscheinlich einmal eine Insel. Bei genauerem Hinsehen erkennt man übrigens, dass in Pisa nicht nur der eine Turm schief steht.

Auf der SS 1 sowie der SP 224 (Abzweigung »mare«) geht es über den Arno und dann immer am Fluss entlang, bis man zu seiner Mündung gelangt, wo Marina di Pisa liegt. Damit sind Sie auch bereits mitten im **Parco Regionale Migliarino, San Rossore, Massaciuccoli** angekommen. Er umfasst das Mündungsgebiet des Serchio und des Arno. Da es sich um ein besonders geschütztes Gebiet handelt, sind manche Teile nicht begehbar. Lohnenswert ist es, an einer naturkundlichen Führung teilzunehmen (www.parcosanrossore.org). **Marina di Pisa** selbst ist mit langen Sandstränden, einem kleinen Jachthafen und zahlreichen Restaurants und Hotels prädestiniert für den sommerlichen Badeurlaub.

 **Osteria i Santi**

Geboten wird bodenständige toskanische Küche in einem kleinen Raum mit modernen Heiligenbildern. Vom Dom aus ein Stück die Via Santa Maria hinunter. Via Santa Maria 71, 56126 Pisa, www.osteria-isanti.com/it

TOUR 3

Die klassische Toskana

Vom »Manhattan des Mittelalters« bis ins liebliche Chianti-Tal

Mit Volterra, San Gimignano, Siena, dem Chianti-Gebiet und Arezzo stehen wahre Highlights auf dem Programm. Zugleich ist diese Tour von Kontrasten geprägt: Kulturell sind auf dieser Route die alten Etrusker und die Stadt Siena besonders interessant, geologisch sind die Salzminen, Thermen und Geothermie-Anlagen faszinierend, und in Bolgheri oder Radda in Chianti locken große Weine. Jenseits des Arno geht es am Pratomagno noch einmal in die Bergwelt.

Siehe Seite 83

Wohl kaum ein anderer Ort der Toskana hat eine solche Zufahrt: unterwegs auf der Viale dei Cipressi nach Bolgheri.

Die Tour auf einen Blick

Marina di Pisa
Ponsacco
Casciana Terme
San Gimignano
Saline di Volterra
Volterra
Colle di Val d'Elsa
Monteriggioni
Siena
Radda in Chianti
Montevarchi
Gorgiti
Castiglion Fibocchi
Bibbiena
Arezzo
Bibbona
Bolgheri
Larderello
Suvereto

ORTE ENTLANG DER ROUTE

1. Marina di Pisa – Casciana Terme – Volterra – Saline – Larderello – Suvereto – Bolgheri – Volterra

2. Volterra – San Gimignano – Monteriggioni – Siena – Radda in Chianti

3. Radda in Chianti – Montevarchi – Gorgiti – Bibbiena – Arezzo

KILOMETER
ETAPPE 1: 232 KM
ETAPPE 2: 108 KM
ETAPPE 3: 132 KM

Navigation und GPX-Download

REINE FAHRTZEIT
ETAPPE 1: 4 ½ STUNDEN
ETAPPE 2: 2 STUNDEN
ETAPPE 3: 3 STUNDEN

ETAPPE 1

Von Marina di Pisa durchs Tal des Teufels nach Volterra

Von **Marina di Pisa** verläuft die SP 224 immer an der Küste entlang, bevor die Straße dann über einen Kanal führt und nach Osten ins Landesinnere abzweigt, vorbei an den großen Industrieanlagen des Hafens von Livorno mit seinen Treibstofftanks. Die SP 224 wird zur SGC Firenze – Pisa – Livorno, der Sie Richtung Ponsacco weiter folgen, durch eine flache Landschaft mit weitläufigen Äckern (immer dem Schild »Firenze« folgen). Bei der Ausfahrt Ponsacco geht es in einer Schleife (Kreisel) auf die SP 23, die den Ort umfährt, **Casciana Terme** ist hier schon ausgeschildert. Die SP 13 führt nach Casciana.

 **Terme di Casciana**

Die Thermen von Casciana liefern an ihrer Quelle die Aqua Mathelda: Das Wasser tritt mit 35,7 °C aus und wirkt besonders gut bei Entzündungen. Tipp: Anschließend lockt das Gran Café delle Terme im Haupthaus an der Piazza. Piazza Garbaldi 9, 56034 Casciana Terme, www.termedicasciana.com

Die Toskana ist reich an Thermalquellen und Bädern, die das ganze Jahr zur Verfügung stehen. Im Laufe von Tour 3 und 4 werden Sie an etlichen vorbeikommen. Die Thermen von Casciana sind bereits in die Jahre gekommen – es gibt wesentlich luxuriösere oder auch von ihrem natürlichen Umfeld spektakulärere. Dennoch werden sie gerne genutzt, neben den Innen- und Außenbecken gibt es zahlreiche Anwendungen.

AUF DEN SPUREN DER ETRUSKER

Auf der SP 42 und dann der SS 439 geht es weiter Richtung **Volterra**. Schon die Fahrt auf der SP 42 (Via Terricciolese) führt durch eine wundervolle Landschaft, samt Weinreben und Olivenhainen – und immer wieder erblickt man Zypressenreihen an den Straßenrändern. Die leicht erhöhte Straße erlaubt Ausblicke weit ins Land mit seinen Feldern und seinem welligen Terrain. Wohl kein Ort ist so mit dem frühitalischen und auch heute immer noch in Teilen rätselhaften Volk der Etrusker (die die Stadt »Veláthri« nannten) verbunden wie Volterra. Die Etrusker siedelten hier vor den Römern und pflegten einen eigenen, ziemlich frohen Totenkult, waren aber auch schon Meister des Weinanbaus. Zugleich förderten sie Salz und Erze aus den nahe gelegenen

***Volterra**, die alte Etruskerstadt, ist Ausgangspunkt für eine Rundfahrt im Val di Cecina.*

Weitere Details in der ADAC Trips App

Rund 50 km von Pisa entfernt, lockt das Städtchen Volterra mit einem mittelalterlichen Ortsbild und interessanten Bauwerken.

Bergen und schufen eine von den alten Griechen beeinflusste Hochkultur.
In Volterra, in das Sie später zurückkehren, beginnt die Rundfahrt durch das **Val di Cecina** und die **Colline Metallifere** – die erzhaltigen Berge. Dazu geht es auf der SS 68 zunächst Richtung **Saline**, was nichts anderes heißt als »Salzbergwerke«. Noch heute wird hier nach überlieferter Tradition sehr reines Salz abgebaut. Auf dem Firmengelände Locatelli direkt am Wegesrand nach Larderello befindet sich ein Salinenmuseum, das im Rahmen einer geführten Tour besichtigt werden kann (www.locatellisaline.it/it/museo).

EINE HEISSE ANGELEGENHEIT – DIE GEOTHERMIE

Nach Saline geht es durch eine Landschaft mit Getreidefeldern. Die gut ausgebaute SS 439 führt durch Pomarance und dann durch profiliertes Gelände nach **Larderello**. Die dortigen *stabilimenti*, die man zunächst für ein normales Kraftwerk halten könnte, sind tatsächlich das erste Kraftwerk weltweit, das Strom mittels Geothermie produziert. Wer sich informieren möchte, nimmt den Abzweig nach Larderello und besucht das Museo della Geotermia (ab der SS 439 ausgeschildert), das sich in einem alten Palazzo befindet.

Die »Balze« vor den Toren von Volterra sind eine Folge der Erosion.

Abendstimmung in den Gassen von Suvereto

Larderello selbst nennt sich stolz »Centro Mondiale della Geotermia«. Der Hintergrund ist, dass in dieser Gegend heißes Magma recht nah an die Oberfläche kommt, wovon ausgasende Schlote, sogenannte Soffioni, und andere Fumarolen zeugen, die sich in der Landschaft zeigen. In Seen kommen Borsalze an die Oberfläche, die bereits seit der Antike genutzt werden. In der Nähe liegt daher auch das »Teufelstal«, das Valle del Diavolo, das wegen seiner Ausdünstungen so heißt. Angeblich ließ sich der Dichter Dante für seine »Göttliche Komödie« davon zu seinen Höllenfantasien inspirieren.
Hinter Larderello geht es rechts ab auf die SP 329, die den Namen Passo di Bocca di Valle, »Mündungspass des Tals«, trägt, denn auch auf dem weiteren Weg finden sich immer wieder Geothermie-Anlagen und auch Felder mit vulkanischer Aktivität. Ein Beispiel dafür ist der Lago Boracifero an der Strecke.
Suvereto ist Ihr nächstes Etappenziel, eine 3000-Einwohner-Gemeinde in einem mittelalterlichen Stadtensemble und eines der schönsten *borghi* Italiens. Benannt ist der reizvolle Ort nach der Korkeiche, die hier früher angebaut wurde und neben Kastanien und Macchia in der Umgebung immer noch wächst. Einen Spaziergang durch den Ort mit seinem Rathaus einschließlich seiner charakteristischen Loggia, dem Convento und dem Kastell sowie den

UMSTEIGEPUNKT

SUVERETO

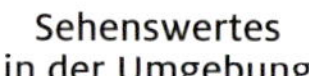

Sehenswertes in der Umgebung

Suvereto mit seinen charakteristischen Mauern aus Ziegeln und Naturstein, das bis heute wie eine Festung anmutet, bietet sich auch als Standquartier an. Über die SR 396 gelangt man schnell an die Küste, die von der SS 1 erschlossen wird und lange Strände mit körnigem Sand aufweist. Auf dem Weg liegt das Thermalbad Venturina Terme mit seinen heißen Quellen. Auch in südliche Richtung lockt mit Follonica ein Highlight am Meer (Tour 5, Etappe 1). Weinfreunde können zudem Ausflüge nach Bolgheri oder im Landesinneren nach Montemassi (Tour 4, Etappe 3) unternehmen.

AUSFLUGSTIPP

Etwas nördlich von Piombino liegt **Populonia**. Der Ort selbst thront als Festung über der Felsküste. Etwas abseits befinden sich die Tombe Etrusche, Gräber der Etrusker. Populonia gehörte zu den bedeutenden etruskischen Städten und war Teil des mächtigen Zwölf-Städte-Bundes. Der bis heute noch bewohnte Ortsteil, Populonia Alta, ist mit einem Kastell aus dem 15. Jahrhundert befestigt. Nahebei liegt auch der Golfo di Baratti mit herrlichem Sandstrand, gesäumt von den typischen Schirmpinien, und lädt zum Baden und Entspannen ein.

Schirmpinien am Golfo di Baratti

ZUR TOUR 5
Suvereto bietet sich (über Piombino) als Umsteigepunkt zur Tour 5 an.

Im Hinterland der Küste erstreckt sich die Maremma mit Orten wie Bibbona oder, hier zu sehen, Casale Marittimo.

mittelalterlichen Gassen sollte man sich auf keinen Fall entgehen lassen.

SPITZENWEINE

Hinter Suvereto wird die Straße kurvig. Wieder dominieren zuerst die Olivenhaine, bevor es in den typisch toskanischen Mischwald geht. Das Fahrabenteuer führt Sie bis nach **Castagneto Carducci**, von wo es wieder auf flacherer Strecke nach Bolgheri geht … und zuvor zu einem Weingut, das unter Kennern berühmt ist: die **Tenuta dell' Ornellaia**. Auf dem 1981 gegründeten Weingut, das mit seinem besonderen Terroir (Kalkböden mit Sand und Lehm) aufwarten kann, wird ganz auf Qualität gesetzt. Internationale Rebsorten wie Merlot und Cabernet werden hier zu absoluten Spitzenweinen, sogenannten Supertuscans, ausgebaut. Leider lässt sich das Weingut nicht besichtigen,

Von Volterra aus startet die Rundfahrt durch das Val di Cecina.

aber es gibt zahlreiche andere Möglichkeiten für Weinproben *(degustazioni)* in der Gegend.

 **Castello di Bolgheri**

Lohnend ist der Besuch des Castello di Bolgheri, einer Azienda Agricola, die direkt in der Altstadt beheimatet ist. Auch Olivenöl wird auf der Azienda produziert. Via Lauretta 7, 57022 Bolgheri, www.castellodibolgheri.com

ORTE FÜRS FOTOSHOOTING

Weiter der Straße folgend, gelangen Sie zu der vielleicht berühmtesten Zypressenallee der Toskana. Die schnurgerade Allee (Viale dei Cipressi) und Zufahrtstraße zum kleinen Ort **Bolgheri** ist eines der Fotomotive, die nirgends fehlen dürfen. Langsam fahren und genießen, so gelangen Sie vor die Stadtmauern von Bolgheri. Für größere Gefährte und

Sant' Ilario in Bibbona gehört zu den wenigen romanischen Kirchen in der Toskana.

Wohnwagen sowie alle, die stressfrei die Stadt ansehen wollen, gibt es einen Parkplatz kurz zuvor. In dem Ort selbst locken zahlreiche *enoteche* und *osterie*. Wer möchte, kann danach noch einmal die ganze Zypressenallee durchfahren, oder direkt über Bibbona und Saline nach Volterra zurückkehren. Mit Bolgheri haben Sie übrigens schon den eigentümlichen Landstrich touchiert, der den Namen **Maremma** trägt und sich entlang der Küste bis in die Südtoskana hinunterzieht. Die flache Landschaft ist berühmt für ihre Langhornrinder und die Cowboys (mehr dazu in Tour 5). Der Wein wird durch das karge Land und das Meeresklima hier besonders gut. **Bibbona** sollten Sie unbedingt besuchen. Obwohl nur auf 80 m Höhe gelegen, gleicht das mittelalterliche Städtchen einer kleinen Burg. Der Altstadtkern ist Fußgängern vorbehalten. Einige *fattorie* bieten Wein und Öl der Umgebung, und B & Bs laden zum Verweilen ein. Nur eine kurze Fahrt ist es nach Marina di Bibbona, wo sich ein Sandstrand mit richtigen Dünen befindet – im Vergleich zum schon sehr bekannten Elba ein kleiner Geheimtipp. Von Bibbona führt Sie eine schöne Strecke am auf einer Kuppe gelegenen Casale Marittimo zum Fluss Cecina, der dem Tal den Namen gab. Auf der SS 68 geht es dann nach **Volterra** zurück. Hier fährt man nun auch durch Ackerbau-Land und Getreidefelder, die sich in der flacheren Landschaft ausbreiten. Der Cecina bildet weite Flusstäler und Auen. Zurück in Volterra bietet sich natürlich ein Rundgang durch die Stadt an. Im

In Volterra geben Museum und Ausgrabungen einen Einblick in die Kultur der Etrusker.

Museo Etrusco Guarnacci, einem der ältesten Museen Europas, kann man sich einen ersten Eindruck über die Etrusker und ihre Kultur verschaffen. Die etruskische Akropolis und die Ausgrabungen zu Füßen des Medici-Kastells im Parco Archeologico Enrico Fumi erweitern diesen Eindruck. Auf Tour 4 liegen einige bekannte Nekropolen und Ausgrabungen, die daran anknüpfen. Auch als Standquartier bietet sich die Gegend um Volterra an, die Auswahl an Unterkünften auf dem Land von einfach bis luxuriös ist sehr groß.

Podere Marcampo

Dieses alte bäuerliche Gut, das seit 2003 von der Familie Duca bewirtschaftet wird, wurde zu einer familiären Unterkunft ausgestaltet.
Podere Marcampo 30, Località San Cipriano, 56048 Volterra, www.poderemarcampo.com

ETAPPE 2

Von Volterra nach Radda in Chianti

⟷ 108 km ca. 2 Std.   

Mit den Orten San Gimignano, Siena und dem Chianti-Gebiet bietet Ihnen diese Etappe eine toskanische Bilderbuchlandschaft. Schon gleich hinter **Volterra** beginnt auf der SS 68 das typische Panorama. Wie Teppiche überziehen die Felder die harmonische Hügellandschaft. Und manchmal erlauben – wie kurz nach dem Ortsschild von Volterra – kleine Anhöhen herrliche Ausblicke in die Gegend und sogar Rundumpanoramen. Flach ist es hier nicht, doch auf der gut ausgebauten Strada statale, die sich durch die *colline* schlängelt, kommt man gut voran.

»MANHATTAN DES MITTELALTERS«

Sie folgen der Straße Richtung Colle di Val d'Elsa, bis kurz hinter dem Castel di San Gimignano die Abzweigung nach **San Gimignano** selbst kommt. Bestens für die Besucherströme gerüstet, leitet die Straße Sie automatisch auf einen Parkplatz. Die Altstadt betritt man durch die Porta San Giovanni. Stadtmauer und Türme, noch gut erhalten, zeugen von den unfriedlichen Zuständen, die zu dieser Architektur geführt haben. Die Türme waren ursprünglich Familienfestungen, um sich vor dem benachbarten Feind zu schützen, während die Stadtmauern die ständigen Gefahren von außen belegen. Wohlhabend wurde die Stadt, weil sie an der Frankenstraße, der Via Francigena, lag, einer mittelalterlichen Handelsroute, sowie durch den Safran, der hier auch heute noch angeboten wird. Der Zafferano di San Gimignano besitzt ein DOP-Siegel *(di origine protetta)*.
Über die SP1 und 36 geht es zurück auf die SS 68 und weiter Richtung Colle di Val d'Elsa. Auf der SP 5 führt Sie der Weg weiter Richtung Siena. Der Ort **Colle di Val d'Elsa** liegt auf einer Hügelkuppe. Ist man von der SS 68 auf die SP 5 abgebogen und über den Ponte di Spugna gekommen, findet sich rechts der Eingang zum Park und zum Sentierelsa. Dieser Weg führt ca. 4 km an der Elsa entlang und bietet eine einzigartige Flusslandschaft mit Badestellen, Wasserfällen und türkisblauem Wasser (wenn die Sonne scheint). Der Parco fluviale dell'Elsa ist auch von einer anderen Seite in der Stadt erreichbar. Wer von hier aus

Sie waren auch eine Machtdemonstration der Adelsgeschlechter: die Türme von ***San Gimignano****; je höher, desto angesehener die jeweilige Familie …*

Weitere Details in der ADAC Trips App

Die Türme von San Gimignano sollen Inspiration für die Architektur des ehemaligen World Trade Center in New York gegeben haben.

Schon bei der Anfahrt nach Monteriggioni lassen sich die Wehranlagen erspähen.

laufen will, sucht sich vor der Brücke Ponte di Spugna einen Parkplatz.

FILMREIFE KULISSEN

Die SP 5 führt nun immer weiter bis zu einem Kreisel, an dem es nach **Monteriggioni** abgeht. Schon bei Dante erwähnt, scheint dieser Ort aus der Zeit gefallen. Eine Stadtmauer wie aus Hollywood – die auch tatsächlich häufig als Filmkulisse verwendet wird. Schon von der SR 2 aus sieht man die Zinnen und Türme. Man parkt das Auto auf dem gut ausgestatteten Parkplatz und marschiert das letzte Stückchen Straße hinauf. Die Stadt wird noch bewohnt, und es gibt sogar Unterkünfte sowie zahlreiche Restaurants, Bars, Gelaterien usw. (preiswert ist es nicht).

Nur eine kurze Fahrt ist es jetzt nach **Siena**. Von Monteriggioni aus bleiben Sie auf der SR 2 und gelangen so vor die Tore der Stadt. Zahllose Parkplätze erwarten die Besucher – denn Siena ist eines der touristischen Hauptziele in der Toskana. Die Stadt lässt sich am besten mit einem Spaziergang erkunden. Wer kunsthistorisch interessiert ist, braucht natürlich mehr Zeit (allein schon die Museen im Palazzo Pubblico sind

 **Gelateria Dondoli**

Der Betreiber hat lange in Deutschland gearbeitet und dann diese Eisdiele eröffnet. Die Geschmäcker erinnern etwa mit dem Safraneis an frühere Zeiten.
Piazza della cisterna 4, 53037 San Gimignano,
www.gelateriadondoli.com

überreich bestückt). Für die prächtige Kathedrale, das darin befindliche Baptisterium und seine Kunstschätze muss man heute Eintritt zahlen (10 Euro) und am besten vorher online buchen (www.operaduomo.siena.it/visita).

Doch es gibt nicht nur die Piazza del Campo und den Duomo. Am Parco La Lizza findet mittwochs ein Wochenmarkt statt, auf dem nicht nur Lebensmittel, sondern auch hochwertige Kleidung ziemlich preiswert verkauft werden. Allein das Marktgeschehen ist schon sehenswert. Und durch die Gassen Sienas zu schlendern, macht einfach Freude. Denn als Universitätsstadt ist Siena natürlich mehr als nur eine Stadt zum Besichtigen. Den besten Kaffee gibt's gleich um die Ecke beim Café Fiorella. Und zum Essen sei ähnlich wie in Florenz eine Prosciutteria empfohlen, kein Restaurant, sondern ein Laden, in dem man auch etwas verzehren kann. Sehr originell. Kein Wunder, dass

 **Café Fiorella Torrefazione**

Ein kleines Café mit einem einmaligen Kaffee. Denn wie das Zusatzwort »Torrefazione« sagt, wird hier die eigene handgemachte Röstung serviert. Man muss von der berühmten Piazza del Campo nur einmal um den Häuserblock gehen.
Via di Città 5, 53100 Siena,
www.caffefiorella.it

Märkte, hier in Siena, bieten neben Nahrungsmitteln auch teils hochwertige Kleidung.

Die Landschaft rund um Siena wirkt wie gemalt, ein Sehnsuchtsziel für Künstler und Fotografen.

hier die Studenten und Original-Senesi entspannen: Via Pantaneto 89, www.laprosciutteria.com.

VON JÄGERN UND WINZERN

Über die SS 674 gelangen Sie aus Siena hinaus (heißt auch Tangenziale Ovest di Siena), und die Fahrt geht weiter auf der SS 222 »chiantigiana« (Ausfahrt Siena Aqua Calda, dann Richtung Firenze, dann Castellina). Über Quercegrossa (»Große Eichen«) führt die Straße nun Richtung Norden. Hinter Castellina in Chianti geht es nach Radda in Chianti auf der SR 429 rechts ab. Die Strecke ist auch hier landschaftlich sehr schön. Wer jedoch denkt, im Chianti-Gebiet fährt man nur noch durch Wein-Monokulturen, der irrt. Tatsächlich sieht man entlang der gerade beschriebenen Route sehr viel Laubmischwald, ein grünes Landschaftsbild, selbst im Juli und August. Im 14. Jahrhundert, in dem der Name Chianti das erste Mal urkundlich erwähnt wurde, wurde hier mehr Jagd als Weinanbau betrieben – Chianti leitet sich (wahrscheinlich) von lat. »clango« ab: Lärm machen, so wie es ein Trupp

Das Chianti-Gebiet steht heute ganz im Zeichen des Weins, war früher aber eine waldreiche Gegend, in der man auf die Jagd ging.

Jäger bei der Treibjagd tut. Erst Ende des 19. Jahrhunderts setzte sich hier der Rotweinanbau durch und man (besonders der Baron Bettino Ricasoli) setzte schließlich auf die Sangiovese-Traube, die heute unauflöslich mit dem Chianti und der Toskana verbunden ist.

Ende dieser Etappe ist **Radda in Chianti**. Dieser Ort im Zentrum des Chianti-Gebietes ist nun allerdings ganz dem Wein gewidmet, und »Radda« kennt man vielleicht von der Bezeichnung »Contessa di Radda« auf einer Weinflasche (inspiriert von einer Adeligen, Willa di Toscana, im 10. Jahrhundert). Wer sich für Weinproben, Rundgänge oder Probier-Wanderungen interessiert, sei an die Casa del Chianti Classico am südlichen Ortsrand verwiesen (www.casachianticlassico.it).

Um den Altstadtkern sind noch Teile der mächtigen Stadtmauer mit ihren Türmen erhalten. Wer besonders stilvoll übernachten möchte, kann in dem alten Palazzo Leopoldo nächtigen, der eine Terrasse mit Aussicht auf das Chianti-Gebiet hat; es ist, als würde man im Mittelalter auf der Stadtmauer stehen.

UMSTEIGEPUNKT

RADDA IN CHIANTI

Sehenswertes
in der Umgebung

Mit seinem mittelalterlichen Stadtbild und dem Palazzo della Podestà aus dem 16. Jahrhundert ist das wehrhafte Radda in Chianti ein perfekter Ort, um hier zu verweilen – oder auf die Tour 1 zu wechseln. Florenz etwa lässt sich von Greve und Radda aus leicht mit dem Auto oder auch mit öffentlichen Verkehrsmitteln erreichen. Und auch als Standquartiere eignen sich die Orte Radda, Panzano oder Greve in Chianti hervorragend, möchte man einen Erholungsurlaub mit vielen interessanten Ausflügen kombinieren. Dazu gehören neben Florenz und Siena auch Arezzo oder San Gimignano. Wer mal nicht selbst fahren möchte, kann sich einem der Angebote für Tagesfahrten per Bus anschließen oder eine Tour mit dem E-Bike buchen.

AUSFLUGSTIPP

Panzano in Chianti – der Ort ist eine Augenweide. Daneben bietet er viele Möglichkeiten, den lokalen Wein zu kosten und die Umgebung zu erwandern. Oder aber man lässt es sich in dem kleinen Städtchen gutgehen, das alles bietet, was man während eines Aufenthalts so braucht. Die touristische Infrastruktur ist gut.

Die »Contessa di Radda«-Weine werden in Eichenfässern ausgebaut.

ZUR TOUR 1
In Radda in Chianti können Sie auf die Tour 1 wechseln und das nördliche Chianti-Gebiet erkunden sowie Rundfahrten durch das Mugello-Gebiet und das Val d’Elsa mit Certaldo unternehmen.

Das kleine Panzano in Chianti wird von der Kirche und dem Kastell überragt.

ETAPPE 3

Von Radda in Chianti durchs Arno-Tal nach Arezzo

132 km ca. 3 Std.   

Radda in Chianti verlassen Sie in Richtung Osten auf der SR 429, immer Richtung Montevarchi. Hier geht es nun durch einen grünen Landstrich, vorbei an Weinreben, aber auch immer wieder bewaldeten Arealen. Die Straße windet sich über die typischen toskanischen Hügel und gelangt bei der **Badia a Coltibuono** an die Monti del Chianti, die einen Bergriegel mit einer Höhe von bis zu über 800 m darstellen.

Das ehemalige Benediktinerkloster, das im 19. Jahrhundert säkularisiert wurde, ist heute ein privat geführtes Bio-Weingut. Aus den Sangiovese- und Canaiolo-Trauben werden eine Reihe guter Weine gemacht. Die Frau des langjährigen Besitzers, die den klingenden Namen Lorenza de Medici trägt, ist eine in Italien bekannte Kochbuchautorin. Inzwischen leitet die jüngere, nächste Generation das beliebte Weingut.

Hinter Coltibuono führt die SP 408 weiter durch die Monti del Chianti und dann nach Cavriglia und **Montevarchi** – und somit ins Arno-Tal. Der Arno, der aus den Bergen des Casentino kommt, macht hier eine Biegung, um dann Richtung Nordwesten nach Florenz zu fließen. In Montevarchi bleiben Sie durch alle Kreisel hindurch auf der SP 408 und überqueren so den Arno. Zuvor empfiehlt sich jedoch ein Zwischenstopp in Montevarchi. Als Burg und Kloster inmitten dichter Wälder entstanden – was man auch heute noch gut nachvollziehen kann –, erwartet Sie in Montevarchi eine lebendige Altstadt, einige Festungsanlagen sind ebenfalls noch zu sehen.

 **Tenuta di Coltibuono**

Auf dem renommierten Weingut kann man auch sehr stilvoll übernachten, die Weine und andere Produkte genießen und sich im Restaurant verwöhnen lassen.
Loc. Badia a Coltibuono, 53013 Gaiole in Chianti,
www.coltibuono.com

AB IN DIE BERGE

Hinter Montevarchi brechen Sie in die Berge des **Pratomagno** auf, eines Gebirgszugs, dessen stählernes Gipfelkreuz auf 1592 m Höhe liegt. Die Fahrt bringt Sie durch abgelegene Orte bis nach **Gorgiti**. Von hier führen ausgeschilderte Wanderungen bis auf den Gipfel des Pratomagno (ca. 1000 m im Anstieg).

Der Bergzug des Pratomagno ist Teil des Apennin. Wer sich hier auf die Wanderung begibt, erlebt eine teils noch unberührte Natur und sogar Wildnis, einen originären Wald aus Kastanien, Pinien, Eichen sowie Nadelbäumen, aber auch die typischen Hochweiden.

Das frühere Kloster von Coltibuono stellt heute Spitzen-Weine her.

Im Frühjahr blühen die Wiesen, und von den Höhenkuppen und -graten schweift der Blick immer wieder weit übers Land. Wanderkarten für den Pratomagno gibt es auch in deutschen Buchhandlungen. Wer hier wandern möchte, sollte sich vorher mit dem Gebiet etwas auseinandersetzen und über eine gute Kondition verfügen.

AN DER QUELLE DES ARNO

Von Gorgiti aus kehren Sie auf derselben Straße zurück, die Sie hergebracht hat, biegen aber dann auf die SP 1 Richtung Arezzo ein, bis der Abzweig nach Talla ausgeschildert ist. So gelangen Sie ins obere Valdarno (Arno-Tal) und auf der SR 142 (auch SR 71) nach **Bibbiena**, immer am Arno entlang.

Das Gebiet hier nennt sich der **Casentino** und ist eher weniger bekannt – selbst unter Italienern. Mit dem Monte Falterona, der auf 1654 m ansteigt, liegt dieser Landstrich an den Hängen einer alpinen Bergkette. Hier entspringt der Arno, den Sie im Laufe der Touren etliche Male kreuzen, der durch Florenz fließt und an der Westküste Italiens, genauer gesagt bei Marina di Pisa, ins Meer mündet (Tour 2, Etappe 3). Auch hier im Casentino ist es wieder der Fluss, der die großen Ver-

Auf dem Pratomagno in knapp 1600 m Höhe erstrecken sich Hochweiden.

Die alten Buchenwälder im Casentino sind UNESCO-Welterbe.

kehrsachsen fürs Auto und die Eisenbahn vorgezeichnet hat.

In der Ebene wird viel Landwirtschaft betrieben, aber in den Bergen wartet unberührte Natur auf Sie. Nördlich von Bibbiena erstreckt sich der große **Parco Nazionale delle Foreste Casentinesi** (Nationalpark der Wälder des Casentino) auf 36 000 ha. Die uralten Buchen zählen zum UNESCO-Welterbe. Reich an Wild, sind hier auch immer schon Wölfe zu Hause gewesen. Daneben gibt es eine vielfältige Vogelwelt.

Tipp: Einen sehr schönen kleinen Vorgeschmack auf die Natur des Casentino bekommt man, wenn man auf der SP 208 von Bibbiena nach Chiusi della Verna fährt und von dort auf dem gut ausgeschilderten Wanderweg zum Franziskanerkloster hinaufwandert.

Das **Santuario della Verna** ist eine der wichtigsten Pilgerstätten Italiens, macht aber dennoch einen urtümlichen Eindruck und ist längst nicht von Touristen überlaufen. Wenn man Glück hat, ist man vielleicht sogar ganz allein vor Ort und kann die Magie dieses Ortes spüren. Zurück kann man durch den Wald der Feen (Bosco delle Fate) gehen und beeindruckende Buchen und Felsen sehen. Die Wanderung ist ca. 5 km lang, einfach und ein wahres Naturerlebnis.

Bibbiena, das städtische Zentrum des Casentino, ist ebenso einen Besuch wert, der alte Stadtkern bezeugt die bewegte Geschichte des Ortes.

*Den Berg **Monte Penna** soll der Heilige Franziskus geschenkt bekommen haben. Das Kloster **La Verna**, das bis heute von Franziskanermönchen betrieben wird, ist eine der wichtigen Pilgerstätten Italiens.*

Weitere Details in der ADAC Trips App

Um nach Arezzo, dem Ziel dieser Etappe zu gelangen, geht es schließlich auf der SS 71 immer am Arno entlang bis in die Stadt hinein. Bevor Sie nach Arezzo durchfahren, sollten Sie allerdings bei der Ausfahrt Meliciano/Castiglion Fibocchi rechts abbiegen und zur **Fattoria della Vialla** (www.lavialla.com) fahren. Dieses Bio-Gut produziert italienische Lebensmittel, Wein und Öl und ist seit Jahren mit dem Versand seiner Produkte in Deutschland erfolgreich und inzwischen auch sehr bekannt. Das geniale Vermarktungskonzept mindert dabei nicht die hohe Qualität der Produkte. Mit Voranmeldung wird einem hier ein rustikales toskanisches Essen serviert. Inzwischen kann man sogar in einem der vormals verlassenen Bauernhäuser übernachten.

In **Arezzo**, dem Geburtsort des Dichters Petrarca, bildet der schiefe Platz mit dem Rathaus das Zentrum der Altstadt. Kunstinteressierte sollten sich die

Er ist richtig berühmt: der Antiquitätenmarkt von Arezzo.

Fresken von Piero della Francesca in der Kirche San Francesco nicht entgehen lassen, einem der wichtigsten Beispiele der Renaissancemalerei.

»Immergiti nella meraviglia!«, Tauch ein in die Welt der Wunder – mit dieser Einladung wirbt die **Fiera Antiquaria di Arezzo**, die jeden ersten Sonntag im Monat und den vorhergehenden Samstag stattfindet. Dabei handelt es sich um den größten und ältesten Antiquitätenmarkt Italiens, und man kann hier wirkliche Entdeckungen machen, von alten stilvollen Möbeln bis hin zu Zeitschriften vergangener Jahrzehnte. Der Antiquitätenmarkt unterhält daher sogar eine Website (www.fieraantiquaria.org) sowie auch einen eigenen Youtube-Kanal.

*Einige Szenen aus Roberto Benignis preisgekröntem Film »Das Leben ist schön« wurden in **Arezzo** gedreht.*

Weitere Details in der ADAC Trips App

TOUR 4

Die Bilderbuch-Toskana

Reise durch die »Badlands« der Crete Senesi und das Val d'Orcia

Die Landschaften der Crete Senesi und des Val d'Orcia gehören zu den am meisten fotografierten Italiens – sie stehen ikonisch für die Toskana und eine ländliche Idylle. Diese Tour führt durch außergewöhnliche geologische Formationen und lässt Sie bekannte und weniger bekannte Aspekte der toskanischen Hügel entdecken. Neben den Naturhighlights sorgen Montalcino und Montepulciano für den Genuss hervorragender Weine. Die Tour endet am Monte Amiata mit einer Bergwelt, die in jeder Hinsicht aus der Toskana herausragt.

Siehe Seite 120

Die Landschaft des Val d'Orcia diente schon den Malern der Renaissance als Motiv und Inspiration.

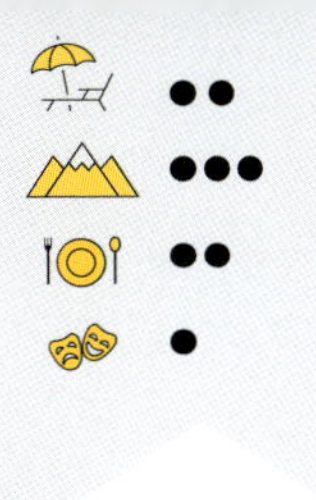

Die Tour auf einen Blick

ORTE ENTLANG DER ROUTE

1. Arezzo – Monte San Savino – Siena – Montalcino – San Quirico d'Orcia

2. San Quirico d'Orcia – Pienza – Montepulciano – Chianciano Terme – Chiusi

3. Chiusi – Sarteano – Bagni San Filippo – Piancastagnaio – Abbadia San Salvatore – Arcidosso

KILOMETER
ETAPPE 1: 131 KM
ETAPPE 2: 49 KM
ETAPPE 3: 106 KM

Navigation und GPX-Download

REINE FAHRTZEIT
ETAPPE 1: 2 ½ STUNDEN
ETAPPE 2: 1 STUNDE
ETAPPE 3: 2 ½ STUNDEN

ETAPPE 1

Von Arezzo nach San Quirico d'Orcia

131 km ca. 2 ½ Std.   

Von **Arezzo** nehmen Sie die SS 73 und fahren in Richtung Siena. Sie bleiben auf dieser Straße und biegen nicht auf die Schnellstraße ab, die parallel verläuft. Die schnurgerade Landstraße führt zunächst durch den nördlichen Teil des sogenannten Val di Chiana, das durch den Kanal und Fluss der Chiana und sein Schwemmland geprägt ist. Die Straße passiert einige kleine und unspektakuläre Orte und wird schließlich auch wieder profilierter und kurviger, bevor man nach **Monte San Savino** gelangt.

Die SS 73 windet sich um die burgartige Altstadt herum, die auf einer Anhöhe von 330 m Höhe aufsitzt. (Man sieht die Stadt schon bei der Anfahrt sehr schön vor einem liegen.) Von den unfriedlichen Zeiten der Welfen und Ghibellinen (Kaiser- und Papst-Treue) zeugen noch die Festungsmauern und Türme. Das *centro storico* ist klein und schnell zu Fuß erkundet. Neben Relikten des 15. und 16. Jahrhunderts findet sich auch eine Synagoge aus dem 18. Jahrhundert, das Gebäude lässt noch gut die alten Räume erkennen. Monte San Savino ist bekannt für seine *porchetta* – den Schweinebraten der Toskana. Dabei handelt es sich um einen Krustenrollbraten, der mit bestimmten Hölzern im Ofen erst gekocht wird, dann abkühlt und schließlich mit der Kruste gebraten wird. Die Schweinerasse wird vor Ort gezüchtet. Monte San Savino liegt am Rand des Val di Chiana, und sobald man den Ort auf der SS 73 (die hier auch die E 78 ist) verlässt, ist man wieder in dem hügeligen und grünen Land, durch das sich die Straße hindurchwindet, rechts und links flankiert von silbrig schimmernden Olivenbäumen. Dabei steigt die Straße auch noch bis 533 m Höhe an. Nach dem kleinen Palazzuolo (nur ein paar Häuser bzw. Gehöfte am Weg) geht es in langen Kurven ins Tal hinunter und an einer nur unzureichend ausgeschilderten Kreuzung auf die Strada Communale 3, die Sie Richtung Asciano und in die berühmten Crete Senesi bringt.

Macelleria Aldo

Hier kann man nicht nur einkaufen, sondern sich auch ein deftiges Essen schmecken lassen. Die Schinken hängen an der Wand, zum Essen gibt es einen gehaltvollen Wein. Piazza Gamurrini 30, 52048 Monte San Savino, www.macelleriaiacomonialdo.it

DURCH EROSION GEPRÄGT

Durch Rapolano Terme, einen bekannten Kurort, führt die SP 26 schließlich nach **Asciano**, und damit an einen der wenigen Orte in den **Crete Senesi**.

Das mittelalterliche Ortsbild von San Savino lädt zu einem gemütlichen Bummel ein, herrliche Rundumblicke inklusive.

In der Abtei Monte Oliveto Maggiore bei Asciano wird heute Landwirtschaft betrieben.

Während die Toskana sich sonst von ihrer grünen und wasserreichen Seite zeigt, ist diese Gegend eigentümlich karg. Mit durchschnittlich 600 mm Regen ist Landwirtschaft hier nur mittels Bewässerung möglich. Charakteristisch sind neben den kargen Hügeln und einzelnen Gehöften die »weißen Wege«, so genannt wegen des hellen Bodens, und die »Biancane«, kahle gefurchte Hügel, die die Landwirtschaft allerdings teilweise eingeebnet hat.

Verantwortlich für diese seltsame und unerwartete Landschaft sind der Ton *(creta)* und der Gips, der die helle, teilweise mondartige Erde gebildet hat, entstanden durch die Sedimente eines Meeres im Pleistozän. Eine halbaride Zone ist das Deserto di Accona, also die »Wüste von Accona«.

Rapolane Terme

In Rapolano Terme gibt es mehrere Thermalbäder: die Antica Querciolaia (www.termeaq.it) und die San Giovanni Terme Rapolano (www.termesangiovanni.it), Letzteres mit 39 °C heißem Schwefelwasser.

KALENDERMOTIVE IN HÜLLE UND FÜLLE

Die Harmonie dieser Landschaft, die Sie während der Anfahrt nach Rapolano schon genießen dürfen, hat ihr einen Top-Platz bei Landschaftsfotografen und Kalendergestaltern eingebracht – und bisweilen wirkt es geradezu irreal, wenn man durch die Felder und Hügel fährt und die zypressenumstandenen Landhäuser sieht. Eigentlich handelt es sich um »Badlands«, also schlechte Erde, karg und trocken – und somit ziemlich untypisch für die Toskana. Es sind die vielen Abbildungen, die sie so ikonisch gemacht haben. Wer sie genauer erkunden will, kann sich Wanderungen oder Fahrradtouren anschließen (www.visitcretesenesi.it).

Tipp: Machen Sie von Asciano einen kurzen Abstecher zu der **Benediktinerabtei Monte Oliveto Maggiore**. Die Mönche gestatten den Besuch und bieten ganz nach benediktinischem Gebot auch Unterkünfte. Mit dem Kloster geht ein landwirtschaftlicher Betrieb *(azienda agricola)* einher, wo die Mönche Oliven, Wein und Liköre produzieren.

Mit der SP 438 führt von Asciano aus eine herrliche Straße durch das Panorama der Crete. Immer wieder sieht man die Biancane vorspitzen, die mit ihrem hellen Sand und Gestein für die Crete charakteristisch sind. Im Frühjahr ist die Landschaft wegen des wachsenden jungen Getreides grün, im Herbst eine braune Stoppellandschaft.

Schon die alten Römer nutzen die heißen Quellen bei Rapolano Terme.

Wenn Morgennebel über den Hügeln der Crete Senesi liegt, bieten sich allerorts stimmungsvolle Motive.

UMSTEIGEPUNKT

SIENA

Sehenswertes in der Umgebung

Wenn Sie kurz vor den Toren von Siena angekommen sind, können Sie auf die Tour 3 wechseln und so entweder über Radda in Chianti ins Pratomagno-Gebiet reisen oder – in entgegengesetzte Richtung – nach Monteriggioni, San Gimignano und Volterra fahren. Von Radda in Chianti ist es außerdem nicht weit nach Greve in Chiant und damit zur Tour 1.

Siena liegt für eine Erkundung der Toskana überhaupt sehr zentral. Daher bietet sich das Sieneser Umland auch für ein Standquartier an – allerdings ist die Gegend nicht eben die preiswerteste in der Toskana. Stilvolle Unterkünfte auf dem Land sind aber reichlich vorhanden, und auch in der Stadt selbst kann man fündig werden, wenn man ein paar Tage mitten im Geschehen sein möchte.

AUSFLUGSTIPP

Strada statale chiantigiana. Die SS 222 führt durch das Chianti-Gebiet, über Radda und Greve (Touren 1 und 3) bis nach Florenz. Damit lässt sich eine Wein-Erkundungstour sehr gut mit einem Ausflug nach Florenz und einem großartigen landschaftlichen Erlebnis verbinden.

Der Blumenmarkt von Greve in Chianti

ZU DEN TOUREN 1 UND 3
In Siena besteht die Möglichkeit, zu den Touren 1 und 3 zu wechseln, da die Stadt wahrhaftig im Herzen der Toskana liegt.

Von Siena aus lässt sich Richtung Norden eine Wein-Tour durch das Chianti-Gebiet unternehmen.

EINE LEGENDÄRE ADRESSE ZUM ÜBERNACHTEN

Etwas südöstlich von Asciano liegt auch das berühmteste Landhaus der Toskana überhaupt (unendliche Male fotografiert), der **Agriturismo Baccoleno**. Auf einer Kuppe thronend, führt ein gewundener zypressenbestandener Weg zu der Hofanlage, die Apartments für Feriengäste anbietet. Die Übernachtung ist nicht ganz preiswert, aber auch nicht wirklich überteuert – rechtzeitige Reservierung ist allerdings zwingend notwendig, und der Mindestaufenthalt beträgt vier Tage (www.agriturismo baccoleno.it).

Um nicht weiter nach Siena hineinzufahren, nehmen Sie bei Arbia die SS 715, die hier gut ausgebaut ist. Nach kurzer Fahrt verlassen Sie diese wieder, um an dem Kreisel auf die SP 136 zu gelangen. Bei Isola d'Arbia kommen Sie dann auf die SR 2, die nach Süden ins **Val d'Orcia** führt, eine weitere, ganz besondere Landschaft der Toskana.
Hinter Buonconvento biegen Sie von der SR 2 Richtung Montalcino ab.
Mit zahlreichen Weinreben und viel Grün, aber auch einigen Getreidefeldern begrüßt Sie eine Gegend, die viel fruchtbarer ist als die Crete, aber ebenfalls mit ihren Hügeln und ihrer

Montalcino ist die Heimat des Brunello-Weins, der unter Kennern sehr beliebt ist.

Wichtigste Rebsorte der Toskana ist der Sangiovese, von dem es einige Varianten gibt.

weiten Landschaft das Klischee der Toskana geprägt hat.

EXKLUSIV: DER BRUNELLO-WEIN

Einzelne Landgüter *(podere)* mit Zypressenallee und Agriturismo-Angeboten sind hier immer wieder am Wegesrand zu entdecken, vor allem aber Weinkellereien, denn wir sind hier im Land des Brunello-Weins. So ist in Sichtweite der Straße auch die moderne Architektur der **Cantina di Montalcino** zu entdecken, die zu Verköstigungen und natürlich zum Kauf des Brunello-Weins einlädt (www.cantinadimontalcino.it). Der Brunello ist eine Variante des Sangiovese, der die Grundlage für den Chianti Classico bildet. Dunkler als der normale Chianti (daher der Name Brunello, von *bruno* = braun, dunkel), ist er im 19. Jahrhundert durch konsequente Traubenauswahl entstanden, bis man 1888 zur Flasche 0 des Riserva di Brunello Biondi-Santi kam. Für die Qualität des Brunello gelten heute strenge Regeln (geringe Ertragsmenge pro Hektar, Handelsfreigabe erst nach mehreren Jahren, Reife im Eichenfass usw.). Hier entstand auch das DOCG-Siegel *(di origine controllata e garantita),* und bis heute ist der Brunello di Montalcino ein exklusiver Wein. Tanninreich mit Noten von Rosen und Waldfrüchten und mit langem kräftigen Abgang, ist er ein eher schwerer Wein, der sich in der Flasche sehr lange hält.

Im Frühling, wenn das Val d'Orcia in Blüte steht, ergeben sich einzigartige Landschaftsmotive.

WAS FÜR EINE SILHOUETTE!
Montalcino liegt auf 567 m Höhe und ist von Eichen- und Nadelwäldern umgeben. Fährt man von der Cantina an der SP aus, die hier schon den Beinamen »del Brunello« hat, Richtung Süden, zeichnen sich der Hügel und die Festung von Montalcino bereits in der Ferne ab.

Die ersten Weinfelder in der Ebene tauchen auf, und die Straße steigt langsam an. Reben, Olivenhaine, einzelne Gehöfte sowie das eine oder andere Angebot zum »Winetasting« begleiten Sie bis in den alten Ort. Beim Ortsschild hat man noch einmal eine schöne Aussicht auf die Skyline und die Kirche – über die Weinberge hinweg. Die Anhöhe erlaubt auch eine schöne Weitsicht in die um-

Re di Macchia

Typisch toskanische Küche in einem alten Ziegelhaus mitten in der Altstadt von Montalcino. Via Soccorsi Saloni 21, 53024 Montalcino

liegende Ebene. Auf Besucher ist man hier bestens eingestellt, daher werden Ihnen vor dem Zentrum Parkplätze angeboten. In das *centro* gelangt man am besten zu Fuß. In dem mittelalterlichen Städtchen werden die Gassen nämlich sehr eng. Vom Ortsrand allerdings genießt man immer wieder Weitblicke über das Val d'Orcia, durch das Sie auch die weitere Etappe führen wird. Zurück geht es wieder ein Stück die Straße, die Sie gekommen sind, und dann auf der SP 14 Richtung San Quirico d'Orcia.

ZAUBERHAFT: WENN IM FRÜHLING DER KLATSCHMOHN BLÜHT

Das **Val d'Orcia**, also das Tal der Orcia, ist nach dem gleichnamigen Fluss benannt und steht seit 2004 nicht nur unter Naturschutz, sondern ist auch UNESCO-Welterbe. Zur Begründung betont die UNESCO besonders, dass die Landschaft, wie sie sich heute zeigt, in Spätmittelalter und Renaissance entstanden und gestaltet worden ist und so auch auf Gemälden der Renaissancemaler der Sieneser Schule verewigt

Bild der Sieneser Schule, ca. 1435

wurde. Relativ dünn besiedelt, wird hier Wein angebaut und Olivenöl produziert – und natürlich auf Tourismus gesetzt, der aber schon wegen der geringen baulichen Möglichkeiten nicht zum Massentourismus avancieren kann. Einzelne Gehöfte bieten *agriturismo* an und Ferienwohnungen sind auch in den historischen Städten zu finden. Optisch bestimmen die Getreidefelder, die sich über die Hügel ziehen, das Bild des Val d'Orcia, im Frühjahr saftig grün und mit viel Klatschmohn überzogen, im Sommer goldgelb, wenn das Getreide reif auf den Feldern steht, im Herbst eher braun und trocken.

Palazzo del Capitano

Wellness und sehr gute Küche in historischem Ambiente. Mehrere deutsche Reiseanbieter haben das Hotel in ihrem Programm.
Via Poliziano 18, 53027 San Quirico d'Orcia, www.palazzodelcapitano.com

MAGISCHE LANDSCHAFTEN

Charakteristisch sind auch die einzelnen Berge oder Erhebungen, die wie Kegel in der Landschaft stehen. Sie lassen einen tatsächlich an eine Landschaftsdarstellung eines Renaissancemalers denken. Auf manchem erhebt sich ein Landsitz, zu dem eine der langen Zypressenalleen führt. Die SP 14 und dann die SR 2 (oder alternativ ab Torrenieri die SP 137) führt zum Schlusspunkt dieser Etappe nach **San Quirico d'Orcia**. Auf 409 m Höhe gelegen, ist es wieder einer dieser exponierten Orte, wie sie in der Toskana so häufig sind. Umgeben ist San Quirico von Zypressen und Eichen … und einem Teil der früheren Stadtmauer. Das Tor, die Porta dei Capuccini, erlaubt einen Blick über das Val d'Orcia.

San Quirico ist das touristische Zentrum des Val d'Orcia, zahlreiche *agriturismi* und Ferienwohnungen um und teils in dem Ort sind dafür der Beweis. Der alte Ort ist dennoch völlig intakt und lädt zu einem Spaziergang ein. San Quirico ist übrigens ein Heiliger, dem auch die Kirche im Zentrum geweiht ist.

Tipp: Eine kurze Fahrt Richtung Süden auf der SR 2 führt nach **Vignoni**. Das gleichnamige *bagno* lädt zu einem weiteren Thermalbad ein. Das Besondere: Die Becken hier sind völlig natürlich und frei zugänglich. Das milchige heiße Wasser befindet sich inmitten der urtümlichen Felslandschaft. Das Gebiet liegt am südlichen Ortsrand.

Mitten im Ort liegt die Thermalquelle von Bagno Vignoni, die frei zugängliche Badestelle befindet sich am Ortsrand.

ETAPPE 2

Von San Quirico d'Orcia nach Chiusi

 49 km ca. 1 Std.   

Auch auf der kurzen Fahrt von **San Quirico d'Orcia** nach Pienza führt der Beginn dieser Etappe noch durch das **Val d'Orcia**. Das Orcia-Tal besitzt ebenso ton- und sandreiche Böden, was man an den Feldern und den hellen Feldwegen gut erkennen kann – vorausgesetzt, Sie sind in der zweiten Jahreshälfte unterwegs. Denn im Frühjahr erscheinen alle Flächen grün vom jungen Getreide, gemischt manchmal mit bunten Feldblumen und Mohn. Da in dieser Landschaft nicht mehr gebaut werden kann, sind die wenigen historischen Gebäude häufig *agriturismi* oder Weingüter, die liebevoll gepflegt und ausgestaltet werden.

EINE STADT WIE AM REISSBRETT ENTWORFEN

Auf 491 m Höhe liegt die kleine Stadt **Pienza**, die gerade einmal 2000 Einwohner aufweist, aber umso mehr zu bieten hat. Die exponierte Lage in der Landschaft gehört dazu wie auch der berühmte Pecorino von Pienza. Der aus Rohmilch hergestellte Schafskäse wird als Marke gehandelt. Die kargen Böden wurden früher wenig beackert, weshalb die Schafzucht wahrscheinlich schon auf die Antike hier zurückgeht. *Stagionato* (gereift), *aromatizzato* (aromatisiert) oder *affinato* (verfeinert), gibt es ihn in verschiedenen Formen und Reifegraden. Die Kräuter und das Futter im Val d'Orcia sind verantwortlich für die Qualität der Milch. Der Pecorino Nero (keine Sorge, der Käse ist nur außen schwarz) ist der am

längsten gereifte. Die meisten sind 60 bis 70 Tage gereift und gelten als *semi-stagionato* – halbgereift.
Auch außerhalb der Kulinarik hat Pienza so einiges zu bieten: Denn in der Renaissance wurde die Stadt zur Idealstadt der damaligen Architekturszene umgebaut. Der Florentiner Architekt Bernardo Rossellino zeichnete dafür verantwortlich. Dieser ist auch der Schöpfer des Palazzo Piccolomini (was der Familienname von Papst Pius II. – dem Auftraggeber – gewesen ist. Von Pius leitet sich nämlich der Stadtname Pienza ab). Hier befindet sich ein Museum, sodass man den Palazzo besichtigen kann. Von der Loggia aus bieten sich einmalige Blicke über das ganze Orcia-Tal und bis zum Monte Amiata (Etappe 3). Vom Pianoterra (Erdgeschoss) aus gelangt

__Pienza__ ist nicht nur architektonisch interessant, sondern lädt mit seinem berühmten Pecorino auch zum Genuss ein.

Weitere Details in der ADAC Trips App

Pienza wurde von Papst Pius II. als Idealstadt geplant.

In der Nähe von Pienza wurden Szenen für den Film »Der Gladiator« gedreht.

man in den *giardino pensile*, dessen mit Efeu umrankte Mauern Fenster haben und Ausschnittsblicke in die Landschaft gewähren – wie man es von den Renaissancemalern her kennt. Die Natur als Teil eines Kunstwerks, diese Idee der Renaissance ist hier in reale Architektur umgesetzt worden.

Fattoria Buca Nuova

Pecorino di Pienza direkt vom Produzenten: Bei der Fattoria Buca Nuova (ca. 1 km nach dem Kreisel hinter Pienza) steht ein schmuckloses Gebäude mit der Aufschrift »Vendita diretta«. Hier kann man den vor Ort produzierten Pecorino direkt kaufen. Via strada per Pienza 34, 53045 Montepulciano, www.fattoriabucanuova.it

EIN TUMMELPLATZ FÜR CINEASTEN

In unmittelbarer Nähe übrigens und entlang der gerade zurückgelegten Straße hat Ridley Scott Teile seines Films »Gladiator« gedreht. Filmfans haben entsprechende Spots auf Google Maps eingetragen. Und abgesehen von den Spuren moderner (maschineller Landwirtschaft) dürfte die Landschaft schon so ähnlich wie heute ausgesehen haben, auch die charakteristische Zypresse haben die Römer schon verwendet und als Windschutz an Alleen und Felder angebaut – allerdings war das Klima zur Zeit der Römer etwas kälter als heutzutage.

Von Pienza aus bleibt man auf der SP 46 und folgt der Ausschilderung nach Montepulciano. Wieder fahren Sie durch ausgedehnte Getreidefelder.

VOM WEIZEN ZUR PASTA – KUTURGESCHICHTLICHE LECKERBISSEN

Hier wird bis heute ein hochwertiger *grano duro* angebaut und Archäologen haben bei Grabungen in der Nähe von Pienza sogar die Urform dieses Getreides, das schon in der Bronzezeit in dieser Landschaft angebaut wurde, gefunden. Aus Hartweizen wird die klassische italienische Pasta gemacht und in der Umgebung von Siena (in der wir uns jetzt immer noch befinden) der *spaghetto grosso*, die etwas dickeren Spaghetti. Heute wird die Ernte, die strengen Umweltauflagen unterliegt (es wird weder der Einsatz von Pestiziden noch von Glyphosat erlaubt) besonders beworben (100 % *grano toscano*). Für die Pasta-Produktion generell hat nämlich Italien gar nicht genügend Getreide und muss bereits entsprechend importieren. Umso mehr wird die heimische Ernte für die hochwertigsten Produkte verwendet.

Mehrere Direktverkäufe von Käse (Pecorino) finden sich Richtung Bivio San Biagio und entlang der Straße nach Montepulciano. Und wer in dieser arkadisch anmutenden Landschaft

Roter Klatschmohn am Wegesrand nahe Pienza – der Frühling lässt grüßen.

Im Herbst präsentieren sich die abgeernteten Getreidefelder goldgelb. Viele Landhäuser sind heute allerdings Ferienunterkünfte.

Urlaub machen möchte, hat die freie Wahl edler *agriturismi* (ganz preiswert ist es hier allerdings nicht). In jedem Fall lohnt es sich, sich das Gebäude der eigenen Unterkunft einmal anzuschauen – die meisten sind in früheren landwirtschaftlich genutzten Höfen untergebracht, und die Architektur verrät noch etwas von dem hiesigen Leben vor 100 Jahren. Am Bivio (Weggabelung) di San Biagio geht es ab nach Montepulciano.

*Ein Rundgang durch die **Altstadt von Montepulciano** führt von einem kunsthistorischen Highlight zum nächsten, wie dem Dom, dem Palazzo Bucelli oder der Wallfahrtskirche San Biagio.*

Weitere Details in der ADAC Trips App

GEADELT: DER BERÜHMTE WEIN

Montepulciano – dieser Name dürfte fast jedem ein Begriff sein, und zwar von dem Etikett einer Weinflasche. Doch droht hier eine Verwechslungsgefahr. Denn die Rebsorte Montepulciano wird bei dem gleichnamigen Ort in der Toskana gar nicht angebaut (der kommt nämlich meist aus den Abruzzen). Was hier in Montepulciano angebaut wird, ist der Vino Nobile (der »adelige Wein«) di Montepulciano, und dieser wird aus der Sangiovese-Rebe bzw. dem Prugnolo Gentile gewonnen, einer im 18. Jahrhundert entwickelten Variante, die nur in dieser Gegend angebaut wird. Er ist entsprechend exklusiv. Warum der Wein den Beinamen *nobile* erhalten hat, ist unklar. Möglich, dass er einst für den Papst entwickelt wurde oder dass nur Adelige ihn trinken bzw. anbauen durften. Doch dafür fehlen die Belege. Vielleicht soll *nobile* auch nur heißen, dass dieser *vino* einfach sehr gut ist.
Burgartig liegt die bis heute perfekt erhaltene mittelalterliche Stadt auf der Bergkuppe, umgeben von Eichen und den typischen Zypressen.
Von Montepulciano kehren Sie an den **Bivio di San Biagio** zurück und nehmen an der Weggabelung dann die SP 146 Richtung Süden nach Chianciano.
Hinter San Biagio ändert sich die Landschaft, wird bergiger und waldreicher. Von dem kargen Hügelland muss man hier Abschied nehmen. Denn die Straße führt über den Bergriegel, der das Val d'Orcia von dem Val di Chiana trennt. In Serpentinen geht es schließlich nach Chianciano und Chianciano Terme hinunter.

EIN GESUNDBRUNNEN

Die Thermalbäder von **Chianciano** sind berühmt und werden seit der Antike benutzt. Der italienische Theaterschriftsteller Luigi Pirandello lobte die gute Luft und die sanfte Schönheit der toskanischen Land-

 **Osteria Aquacheta**

Rustikale Küche, in der Lebensmittel aus der Region Verwendung finden. Fleisch und Wein stehen im Mittelpunkt, aber auch die hausgemachte Pasta ist beliebt. Eine Adresse, die bei den Einheimischen hoch im Kurs steht.
Via Teatro 22, 53045 Montepulciano, www.acquacheta.eu

Zahlreiche Leckereien, allen voran den Vino Nobile, findet man in der Fattoria Pulcino in Montepulciano, Via di Gracciano nel Corso 44.

Terme di Chianciano

Das Wasser mit seinem Bikarbonat-, Sulfat- und Kalkgehalt hilft gegen Entzündungen und bei Lebererkrankungen.
Via delle Rose 12, 53042 Chianciano Terme, www.termechianciano.it

schaft, die ihm Erholung brachte. Von seinem Apartment konnte er auf die im Chiana-Tal gelegenen Seen, den Lago di Chiusi und den Lago di Montepulciano, sehen. Heute warten zahlreiche Hotels und Pensionen auf die Gäste, und kulturelle Angebote werten den Kurort auf. (Die Entwicklung geht in Chianciano schon etwas in Richtung Massentourismus.) Die Landschaft um Chianciano unterscheidet sich deutlich von der des Val d'Orcia, obwohl dieses nur einen Katzensprung entfernt liegt. Denn der 475 m hoch gelegene Ort ist von Wäldern aus Eichen, Buchen und Kastanien umgeben – am Straßenrand dürfen natürlich Zypressen und Schirmpinien nicht fehlen. Die Etappe endet nach kurzer malerischer Fahrt – sowie der Querung der Autobahn, die das Chiana-Tal herunterkommt – in Chiusi. Dabei führt die SP 146 über eine gewellte Hochebene, die von Ferne das Tal der Chiana immer wieder erblicken lässt. Weiden und Felder, aber auch immer wieder Wald sind zu sehen.

In der alten Etruskerstadt ***Chiusi*** *erfahren Sie einiges über das italische Volk. Während die etruskische Kultur im Mittelpunkt des gleichnamigen Museums steht, stößt man im Umland auf eine Reihe etruskischer Grabanlagen.*

Weitere Details in der ADAC Trips App

DIE STADT DER ETRUSKER

Die Altstadt von **Chiusi**, das rund 8000 Einwohner zählt und etwa 100 km südlich von Florenz liegt, befindet sich – wie praktisch alle kleineren toskanischen Städte – auf einer Hügelkuppe, früher einmal aus verteidigungs-

Chianciano bietet neben seinen Thermen eine Altstadt mit herrlicher Aussicht.

technischen Gründen. In der Ebene erstreckt sich Chiusi Scalo, ein modernerer Stadtteil.

Tipp: Schauen Sie sich unbedingt die unterirdische Stadt *(città sotteranea)* von Chiusi an. Das **»Labyrinth des Porsenna«** ist ein System von Gängen und einer unterirdischen Zisterne, die schon die Etrusker gebaut haben, um eventuelle Belagerungen durchstehen zu können. Der sagenhafte König Porsenna übrigens soll sogar Rom höchstpersönlich erobert haben!

Agriturismo La Sovana

In einem historischen Landhaus werden Zimmer und Apartments vermietet. Der schöne Garten lockt mit einem Pool und einer eigenen Ölmühle. Auch gutes Essen wird hier serviert.
SP 478 di Sarteano,
www.lasovana.com

ETAPPE 3

Von Chiusi nach Arcidosso

⟷ 106 km ca. 2 ½ Std.    

Von **Chiusi** aus geht es ein Stück auf der Straße zurück, auf der Sie hergekommen sind, um bei Querce al Pino Richtung **Sarteano** abzubiegen. Der Weg lohnt sich nämlich, denn hier beeindruckt nicht nur das mächtige Castello.

NEKROPOLE DER ETRUSKER

Vor allem sind hier auch bedeutende Funde der Etrusker zu sehen. Vielleicht am eindrucksvollsten (und ein wenig gruselig) die »Quadriga Infernale«, ein Wandgemälde in einer Nekropole etwas außerhalb von Sarteano, das ein Viergespann mit einer Totengottheit auf dem Wagen zeigt, neben ihr ein rätselhafter Schatten. Gezogen von Fabelwesen, macht das Fresko trotz der Beschädigungen einen beklemmenden Eindruck (der getriebene Gesichtsausdruck der rothaarigen Wagenlenkerin). Zur Besichtigung muss man sich beim Archäologischen Museum in der Stadt erkundigen (Via Roma 24).

Quadriga Infernale

EIN »WALFISCH« AUS KALK

Noch einmal geht es anschließend durch das Orcia-Tal – und hier kreuzt die Tour auch den Fiume Orcia, der dem Tal den Namen gegeben hat. Die SP 40 führt dann immer am Torrente Formone entlang. Wo die Straße dessen Kies-Flussbett überquert, sieht man sie wieder, die weiß-grauen Hänge aus Ton und Kalk, sogenannte Calanchi oder Biancane. Nun ist es nicht mehr weit nach **Bagni San Filippo**, zu dem sich die Straße hinaufwindet – und das eines der freien Thermal-Hotspots der Toskana ist. Obwohl mittlerweile häufig abgebildet, ist es noch nicht überlaufen, vielleicht weil es etwas abseits liegt. Hier hat 25 °C warmes, schwefelhaltiges Wasser Sinterterrassen geschaffen und an einem Hang viel Kalk abgelagert, der heute wie ein riesiger weißer Hügel aussieht – oder wie ein Wal, weshalb ihn die Italiener auch »balena« getauft haben. Der mitten in den Wäldern

Die Bagni San Filippo gehören zu den schönsten frei zugänglichen Thermalbädern der Toskana.

gelegene Ort ist natürlich und kann kostenfrei besucht werden. Neben den natürlichen Quellen gibt es auch ein Hotel mit Thermalbad.

Tipp: Wer es auf Burgen und Wehranlagen abgesehen hat, sollte von Bagni San Filippo einen Abstecher nach **Radicofani** machen. Diese seit dem 11. Jahrhundert genutzte, auf 900 m gelegene Burg ist eine wahre Festung. Der Ort selbst, etwas tiefer gelegen, lädt mit seinen mittelalterlichen Gassen ein.

RUND UM DEN MONTE AMIATA

Doch diese Etappe führt weiter in die Gegend des Monte Amiata, eines früheren Vulkans, der mit seinen 1738 m von Weitem zu sehen ist und die Umgebung beherrscht. Um die Gegend besser kennenzulernen, führt Sie diese Etappe über Abbadia San Salvatore, Piancastagnaio, S. Fiora und Arcidosso. Sowohl von Arcidosso, als auch von Abbadia aus können Sie auf den Monte Amiata hinauffahren – oder natürlich wandern. Zuvor locken aber die genannten Bergdörfer, durch die die landschaftlich sehr schöne Route führt, mit ihren noch wenig besuchten verwinkelten Ortskernen. So ist es ein Erlebnis, durch **Piancastagnaio** zu spazieren, das den Besucher bei der Anfahrt mit seinem mächtigen

Am Fuß der mächtigen Burg liegt der zauberhafte Ort Radicofani.

Die Abtei San Salvatore am Monte Amiata gehört zu den ältesten Klöstern Italiens.

Castello Aldobrandesco begrüßt, oder aber durch **Santa Fiora** zu gehen (bzw. zu steigen, denn es ist ein wahres Bergdorf). Obwohl der Monte Amiata seit ca. 200 000 Jahren erloschen ist, zeugen die vielen heißen Quellen von der vulkanischen Aktivität der ganzen Gegend. Hier in Piancastagnaio wird Erdwärme zur Gewinnung von Energie verwendet.

WANDERN UND KULTUR

Mit den Landschaften, durch die Sie in dieser Tour bisher gekommen sind, hat die Gegend um den Monte Amiata wenig zu tun. Laubwälder, unter anderem auch wieder viel Buchenwald, und eine eigene Bergwelt dominieren hier. Das schlägt sich auch kulinarisch nieder: Pilze, Wild, Kastanien kommen jetzt auf den Tisch, es gibt aber auch einen guten Rotwein und Käse. Besiedelt wurde die Gegend seit dem 10. Jahrhundert von den Mönchen der Abtei von **Abbadia San Salvatore** (weshalb der Ort auch bis heute so heißt). Die Abbazia San Salvatore di Monte Amiata liegt nördlich des Ortes. Sie soll eine langobardische Gründung bereits im 8. Jahrhundert gewesen sein. Bis heute

Einst erstreckten sich die Ländereien der ***Abbazia San Salvatore di Monte Amiata*** *bis an die Küste. Die Abtei galt zur Zeit der Benediktiner als die reichste in der Region.*

Weitere Details in der ADAC Trips App

Er ist vulkanischen Ursprungs: der ***Monte Amiata****, der nicht nur die hiesige Landschaft prägt, sondern auch zu ausgedehnten Wanderungen einlädt.*

Weitere Details in der ADAC Trips App

Arcidosso ist ein idealer Ausgangspunkt für Wanderungen auf den Monte Amiata.

beeindrucken die einschiffige romanische Kirche und die langobardische Krypta mit ihren Kapitellen.
Ricciolina heißt übrigens hier die lokale Spezialität – ein süßer Kuchen mit köstlicher Schokoladenfüllung.
Zum Wandern kann man auf ein ausgeschildertes Wegenetz zurückgreifen. Es gibt auch einen Rundwanderweg (29 km) ganz um den Monte Amiata herum (den Anello dell' Amiata).
Wer auf den Berg selbst will, kann bis zum Rifugio Cantore hinauffahren und von dort loslaufen. Der höchste Punkt ist durch ein metallenes Gipfelkreuz gekennzeichnet, das der Papst um 1900 aufstellen ließ.

DER SPIRITUELLE BERG

Das Ziel dieser Etappe ist **Arcidosso**. Auf dem höchsten Punkt steht das Castello Aldobrandesco (nach der entsprechenden Herrscherfamilie benannt), eine der mächtigsten und besterhaltenen Burgen der Toskana. Da es heute mehrere Museen beherbergt, kann es

 **Osteria Bastarda Rossa**

In dieser urigen Osteria mit Terrasse warten Valeria, Federica und Yuri mit typisch toskanischer Küche auf. Im Mittelpunkt: Kastanien, Pecorini, Fleisch und Salami aus lokaler Produktion. Auch Öl und Wein kommen aus der Nähe. Die Pasta ist hausgemacht.
Via Talassese 98, 58031 Arcidosso

besichtigt werden. Hier erfährt man auch etwas von der spirituellen Seite des Monte Amiata, denn im 19. Jahrhundert hat sich hier eine religiös-spirituelle Gruppe unter dem Prediger Davide Lazzaretti gebildet, die sich auf dem Monte Labbro niederließ. Dort finden sich heute noch ein Turm und weitere Reste von damals. Interessant, dass sich auch die Buddhisten vom Monte Amiata angezogen gefühlt haben. Entstanden ist daraus ein Museum für orientalische Kunst, ebenfalls im Castello.

Tipp: Unternehmen Sie einen Ausflug in den **Parco Faunistico**, ganz in der Nähe, südlich von Arcidosso, im Naturschutzgebiet des Monte Labbro gelegen. Für diesen werden geführte Wanderungen und interessante Exkursionen angeboten. Der Parco ist aber auch ein gutes Ziel, wenn man mit Kindern unterwegs ist. Im Park selbst lassen sich neben zahlreichen anderen Tieren (darunter Hirsch, Gams, Wildschwein) sogar Wölfe beobachten, die in dieser Gegend niemals ausgestorben sind. Daneben leben auch Nutztiere wie Esel und Pferde in dem Areal. Das Schutzgebiet erstreckt sich auf einer Fläche von 200 ha und kann auf sicheren Wegen betreten werden. Für Kinder wie für Erwachsene gibt es zahlreiche didaktische Angebote und Wanderrouten. Parken kann man am besten bei Località dei Nobili.

 **Grand Hotel Impero**

Ein Palazzo, der zu einem Grand Hotel (heißt hier zu Recht so) ausgebaut wurde, mit Spa und zwei Restaurants. Über deutsche Reiseveranstalter buchbar. Nördlich von Arcidosso.
Via Roma 7, 58033 Castel del Piano,
www.grandhotelimpero.it

TOUR 5

Der Süden der Toskana

Bei den Cowboys der Maremma

Diese Tour entführt Sie in einen Teil der Toskana, der sich deutlich von dem bergigen Norden und der sanften Hügellandschaft rund um Siena unterscheidet. An der Küste des Tyrrhenischen Meeres erstreckt sich die Maremma, ein eher trockener und flacher Landstrich, aus dem immer wieder Bergfestungen aufragen und auf dem Langhornrinder von Cowboys zu Pferde gehütet werden. Daneben locken die Inseln Elba und Giglio.

Siehe Seite 140

Auf einem 475 m hohen Bergzug liegt Roccastrada in der Maremma Alta.

Die Tour auf einen Blick

Abbazia di San Galgano
Monticiano
Massa Marittima
Roccastrada
Montemassi
Piombino
Follonica
Arcidosso
Elba
Grosseto
Castiglione della Pescaia
Scansano
Sovana
Saturnia
Pitigliano
Talamone
Manciano
Porto Santo Stefano
Orbetello
Il Giardino dei Tarocchi
Monte Argentario
Giglio

ORTE ENTLANG DER ROUTE

1. Arcidosso – Roccastrada – Montemassi – San Galgano – Massa Marittima – Piombino – (Elba)

2. Piombino – Follonica – Castiglione della Pescaia – Grosseto – Scansano – Talamone

3. Talamone – Manciano – Saturnia – Sovana – Pitigliano – Capalbio (Parco dei Tarocchi) – Orbetello – (Giglio)

KILOMETER
ETAPPE 1: 178 KM
ETAPPE 2: 137 KM
ETAPPE 3: 178 KM

Navigation und GPX-Download

REINE FAHRTZEIT
ETAPPE 1: 3 ¼ STUNDEN
ETAPPE 2: 2 ½ STUNDEN
ETAPPE 3: 3 ¼ STUNDEN

ETAPPE 1

Von Arcidosso durch die Maremma Alta nach Piombino

178 km ca. 3 ¼ Std.   

Arcidosso und das Gebiet des **Monte Amiata** verlassen Sie Richtung Nordwesten auf der Strada Provinciale di Arcidosso. Die Fahrt geht zunächst durch grünes, baumreiches Land. Nach wenigen Kilometern passieren Sie die Abzweigung zur romanischen Kirche **Pieve di Santa Maria a Lamula**, die Sie über eine schmale Straße erreichen. Ursprünglich hatte sich auch ein Dorf neben der Kirche angesiedelt, das jedoch längst nicht mehr existiert. Das von Kastanien und alten Bäumen umstandene Kirchenbauwerk stammt aus dem 9. Jahrhundert. Einer Legende zufolge soll ein Maultier *(mula)* sich vor einer Madonna niedergekniet haben – Besucher bekommen bis heute die vermeintlichen Abdrücke gezeigt.

AUF ZUR WEINPROBE

Die SP di Arcidosso Richtung Norden mündet auf die SP del Cipressino. Die Straße führt durch Felder und Olivenplantagen und es gibt zahlreiche Gelegenhheiten zum »Winetasting«. Auch an den Hängen des Amiata und auf seinen vulkanischen Böden wird nämlich Wein angebaut, durchaus auf einer Höhe von ca. 500 m. Das Weingut Amiata – i vini del vulcano (www.amiatavini.it) ist ein schönes Beispiel.
Die Straße Richtung Westen bringt Sie noch einmal in die Nähe des Fiume Orcia (S. 130) und auf ca. 60 m Höhe. Felder und flaches Land herrschen nun vor. Man überquert den Fluss Ombrone, und von Paganico geht es zur Stazione di Roccastrada (Roccastrada Scalo), um dann wieder in das 475 m hoch gelegene mittelalterliche Dorf **Roccastrada** aufzusteigen. Die Strecke wird nun landschaftlich sehr reizvoll – mit vielen Weinreben –, aber auch zunehmend waldreich. Immer öfter eröffnen sich Aussichten auf das Umland, während die Straße ansteigt. Man durchfährt eine der ursprünglichsten Gegenden der Toskana, die lange Zeit nur spärlich besiedelt war. Heute eignet sich Roccastrada sehr gut als Ausgangspunkt für Wanderungen (ausgeschilderte Wege »Trekking Roccastrada«). Im Ort gibt es zudem ein Weinmuseum.
Von Roccastrada führt ein kleiner Umweg nach nach **Montemassi** (SP 21 südlich des Ortes, Ausschilderung Ribolla/Fullonica). Schon bei der Anfahrt sieht

La Trattoria in Campagna (I sapori della tradizione)

Von der SP del Cipressino augeschildert. Geboten werden hausgemachte Pasta und eigener Wein. Podere Poggio Rineschi 64/a, Montenero d'Orcia, www.trattoriaincampagna.it

Langhornrinder werden in der Maremma, hier bei Alberese nahe der Küste, bis heute gezüchtet.

Das Bergdorf Monticiano scheint abgelegen, ist aber gar nicht weit von Siena entfernt.

man den Ort auf seiner 280 m hohen Kuppe exponiert liegen, umgeben von Wald und Olivenhainen. Südlich erstrecken sich in der Ebene ausgedehnte Felder mit Weinstöcken und Olivenbäumen. Hier liegt auch das Weingut Rocca di Montemassi. Typisch ist die rotbraune Erde, auf die auch einer der Montemassi-Weine hindeutet: der Le Focaie (wörtl. »die Feuersteine«). Sein rotbraunes Etikett verweist auf die Terra, das Land, auf dem die Sangiovese-Trauben für diesen Maremma Toscana D.O.C. wachsen. Lange war die Gegend auch Bergbauregion, in der Eisenerz, Silber, Kupfer etc. abgebaut wurden – bereits die Etrusker haben hier Bodenschätze gefördert.

Montemassi bleibt normalerweise von Touristenströmen verschont. Sehenswert ist das von den Sienesern zerstörte Castello, das als Ruine seit Jahrhunderten auf dem Berg wacht. Im Palazzo Pubblico in Siena (Sala del mappamondo) kann man ein Fresko dieses Kastells und seiner Belagerung ansehen.

Rocca di Montemassi

Dieses Weingut verfügt ganz nebenbei über ein Museum, das über Geschichte der Gegend informiert.
Strada Provinciale 91, Loc. Pian del Bichi,
58027 Roccastrada,
www.roccadimontemassi.it

ERFRISCHENDE BADEPAUSE

Die Etappe führt Sie weiter auf der SP Montemassi Richtung Norden, nach

Meleta, zunächst vorbei an Olivenhainen sowie weiteren Weingütern entlang der Strecke. Dann wird es bergig, die Straße windet sich in Kurven zur SP 157 nördlich von Roccastrada zurück.
Die SP 157 Richtung Norden führt nun durch viel unberührte Natur, zunächst noch an Feldern vorbei, dann immer mehr durch Wald, nur noch einzelne Gehöfte liegen am Wegrand. Hinter dem Ort **Torniella** überquert die Straße den Fluss Farma (Torrente Farma), der ganz in der Nähe Canyons gebildet hat, die **Canaloni del Torrente Farma**. Hier gibt es zahlreiche Bademöglichkeiten und direkt hinter der Brücke eine Stichstraße zu den Canyons.

B & B Podere Camaiano

Ein Geheimtipp, ab vom Trubel, aber mit großer Liebe gemacht: das Bed & Breakfast Camaiano, mitten in den Wäldern der Maremma Alta. Katia und Fabrizio aus Mailand haben ein altes Landhaus über Jahre renoviert. Entspannen pur in einem sehr anheimelnden Ambiente.
Roccastrada GR, 58036 Podere Camaiano,
www.poderecamaiano.it

Auf der Provinzstraße geht es weiter nach **Monticiano**. Der ganz aus honigfarbenen Bruch- und Ziegelsteinbauten errichtete Ort könnte gerade gestern erst aus dem Mittelalter erwacht sein. Abgelegen, nicht so bekannt, folglich ruhig, ist er nicht nur für Durchreisende

Der Fluss Merse prägt die Gegend um Monticiano und lädt zum erfrischenden Bad ein.

Die Reste der Zisterzienserabtei San Galgano beeindrucken noch immer. Ihre gotische Architektur ist in der Toskana einzigartig.

ein lohnender Stopp. Die hier angebotenen Ferienhäuser liegen in Reichweite zu Siena genauso wie zur Küste.

STIMMUNGSVOLLE KONZERTE UNTER FREIEM HIMMEL

Auch zur Abtei **San Galgano** sind es nur noch wenige Kilometer (der Abzweig von der Strada Provinciale ist mit einem braunen Schild gekennzeichnet). Die frühere Zisterzienserkirche mit Kloster besitzt zwar kein Dach mehr, zeigt aber die – für die Toskana untypische – gotische Architektur. Ein Konzert unterm Sternenhimmel ist ein einmaliges Erlebnis. Etwas weiter nördlich befindet sich die Einsiedelei, aus der sich später das Kloster entwickelt hat (Eremo di San Galgano in Montesiepi).

Massa Marittima, die gut befestigte Stadt aus dem Spätmittelalter, verdankte ihren Reichtum den Bodenschätzen.

Weitere Details in der ADAC Trips App

Sie kehren auf die SP 441 zurück, um über Massa Marittima an die Küste zu gelangen. Immer auf ca. 350 m Höhe geleitet Sie die Straße Richtung Südwesten, festungsähnliche Dörfer haben auf den nahe gelegenen Kuppen ihren Platz – sehen kann man sie allerdings nur, wenn der dichte Wald auf dieser Strecke es einmal zulässt. So liegt etwa **Montieri** auf 704 m Höhe, der nahe gelegene Berg steigt sogar auf über 1000 m an. Montieri ist für Wanderer und Mountainbiker übrigens ein guter Ausgangspunkt – auf vielen Wegen lassen sich auch die Stollen und Reste des früheren Bergbaus entdecken. Wer will, kann hier ein Haus für 1 Euro kaufen – mit der Pflicht freilich, es instand zu setzen und zu bewohnen.

DIE MAGISCHE HARMONIE DES ASSYMETRISCHEN

Kurz vor **Massa Marittima** endet die SP 441 und mündet in die SS 439 Richtung Follonica. Die gut ausgebaute Straße führt an Feldern vorbei und umfährt die Stadt, für die man die SS 439 kurz verlassen muss. Doch das lohnt sich. Die Stadtmauer umfasst ein Stadt-

ensemble aus dem 14. Jahrhundert. Der eigenwillige Platz mit dem Dom gehört in seiner Assymetrie zu den architektonischen Highlights der Toskana.

Auch Massa Marittima lebte im Mittelalter lange vom Bergbau, wovon ein Museo della Miniera heute noch zeugt. Die Stadt befindet sich am südlichen Rand der Colline Metallifere, durch die auch die Tour 3, Etappe 1, führt.

Von Massa geht es nun auf gerader Strecke und durch flaches Land nach **Piombino** und somit ans Tyrrhenische Meer. Von hier aus starten die Fähren nach **Elba**. Für die meisten ist Piombino nur Durchgangsstation. Schade eigentlich, denn mit seiner schönen Altstadt und dem Castello ist es durchaus einen Besuch wert.

 **Il Bacchino**

Weinbar und Geschäft zugleich, wo es deftiges Essen vor Ort oder *panini* zum Mitnehmen nach toskanischer Art gibt.
Via Moncini 8, 58024 Massa Marittima

Der Palazzo Comunale (links) von Massa Marittima, erbaut vom 12. bis 14. Jahrhundert

UMSTEIGEPUNKT
PIOMBINO

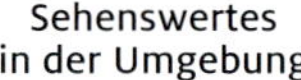

Sehenswertes
in der Umgebung

Auf den ersten Blick industriell geprägt, kann das rund 32 000 Einwohner zählenden Städtchen Piombino vis-à-vis der Insel Elba im Zentrum mit mittelalterlichen und einigen Festungsbauten punkten. Von hier aus lassen sich gut die Etruskerküste (Riva dei Etruschi), Populonia und der Golfo di Baratti erreichen. In rund 40 Minuten ist man auch in Bolgheri mit seiner berühmten Zypressenallee. Vor allem aber ist Piombino als Hafenstadt Ausgangspunkt für Fahrten nach Elba.

AUSFLUGSTIPP

Elba ist schon lange kein Geheimtipp mehr, aber dennoch eine wunderschöne Insel für den Badeurlaub. Auch Wanderer kommen auf der bergigen und teils schroffen Insel auf ihre Kosten.

Von Piombino, einer bedeutenden Hafen- und Industriestadt, legen die Fähren zur vorgelagerten Insel Elba ab.

Tipp: Fahren Sie auf Elba an die Südküste nach Marina del Campo. Der kleine, originelle Ort besitzt wunderbare weiße Sandstrände.

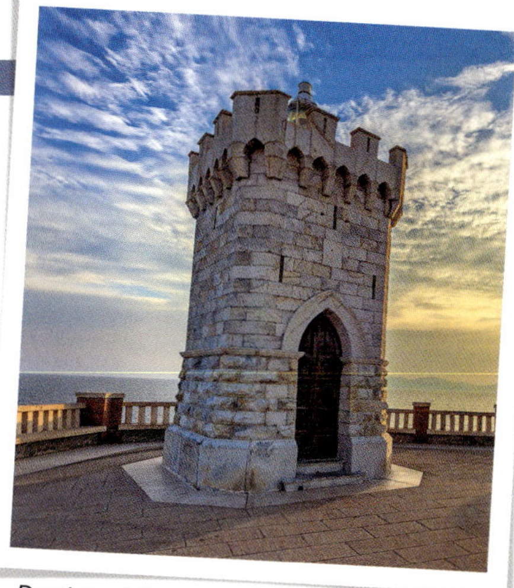

Der Leuchtturm auf der Piazza Bovio in Piombino

ZUR TOUR 3

In Piombino können Sie zur Tour 3 Richtung Val di Cecina oder Volterra, San Gimignano und Siena umsteigen.

ETAPPE 2

Von Piombino nach Talamone

 137 km ca. 2 ½ Std.   

Diese Etappe führt Sie von **Piombino** über die SP 40 und 39 Richtung Süden nach **Follonica**, dem touristischen Hauptort dieser Gegend. Die Hochhäuser und die verbaute Küste zeugen davon, dass es sich um einen touristischen Hotspot handelt, wo viele Menschen die Sommerferien am Meer verbringen. Bevor es in den Ort hineingeht, führt die Route an der Torre Mozza vorbei, der Strand um das alte Kastell (heute ein Luxus-Relais) ist mit der *bandiera blue* für besonders gute Wasserqualität ausgezeichnet.

Die Cala Violina südlich von Follonica gehört zu den schönsten Stränden der Toskana, ist aber längst kein Geheimtipp mehr.

SINGENDER SAND
Hinter Follonica locken einige der schönsten Buchten dieses Küstenabschnitts. Manche sind nur zu Fuß zu erreichen, wie die idyllische **Cala Violina**. Die Quarzstückchen im Sand sollen beim Auftreten durch die Reibung Tonfrequenzen verursachen und an den Gesang einer Violine erinnern – probieren Sie selbst aus, ob Sie es hören. Man gelangt am besten zur Bucht, wenn man hinter Puntone dem braunen Schild »Cala Violina« folgt. Alleine ist man hier jedoch nie! Das Parkplatzensemble ist beeindruckend, und im August muss man sich selbst am Strand einen freien Platz suchen.

Die SP 158 führt durch Mischwald, bis bei Pian di Rocca Felder vorherrschen und man sich dem Umland von **Castiglione della Pescaia** nähert, die Straße führt direkt in den Ort und zum Lungomare hinein. Allerdings ist der Verkehr ab 20 Uhr begrenzt *(traffico limitato)*.

Ins Feucht- und Vogelschutzgebiet
Über die Straße, die aus Castiglione hinausführt, gelangt man zu einem

Mit seiner hübschen, von verwinkelten Gassen durchzogenen Altstadt und guten touristischen Angeboten ist ***Castiglione della Pescaia*** *ein schöner Ort für die Sommerferien am Meer.*

Weitere Details in der ADAC Trips App

naturgeschützten Feuchtgebiet, der **Riserva Naturale Diaccia Botrona**. Dazu gehören die eigentlichen Sumpfgebiete, die Pinienwälder im Hinterland und der Landriegel (Pineta del Tombolo), der die Feuchtgebiete vom Meer trennt, mit dem sie aber durch Kanäle verbunden sind und daher auch einen gewissen Salzgehalt aufweisen. Das 120 km^2 große Gebiet ist eines der wichtigsten Vogelschutzgebiete der gesamten Region.

Tipp: Wer dieses einmalige Feuchtbiotop und seine Geschichte genauer kennenlernen möchte, biegt direkt hinter der Brücke über den Fluss links ab und gelangt so zur **Casa Rossa Ximenes**. Das Gebäude aus dem 18. Jahrhundert diente einst als Schleusenhaus und damit der Entwässerung der Sümpfe. Heute ist hier das Museo Casa Rossa Ximenes untergebracht (mit Parkplatz), das Gebiet kann man von hier aus im Rahmen einer Bootstour erkunden.

Bei **Marina di Grosseto** führt Sie die Straße nun ins Landesinnere und nach **Grosseto**, das man als Hauptstadt der

Die Casa Rossa Ximenes diente einst der Entwässerung der Sümpfe.

Die Kathedrale San Lorenzo und der Palazzo della Provincia im Herzen von Grosseto

Maremma bezeichnen kann. Ein Besuch lohnt sich sowohl wegen der architektonischen Highlights (dazu zählen der Dom San Lorenzo und der daneben liegende Palazzo della Provincia, der so schön gotisch aussieht, aber aus dem 20. Jahrhundert stammt) als auch für einen beschaulichen Spaziergang. Grosseto erfuhr einen deutlichen Zuwachs, als man ab dem Ende des 19. Jahrhunderts die Sümpfe weitgehend trockenlegte, vor allem, um die Malaria zu bekämpfen und damit die Armut der Bevölkerung – die Kanäle, die die Pinienwälder durchziehen, zeugen davon. Von Grosseto geht es nun noch einmal ins Hinterland, denn das nächste Ziel heißt Scansano. Die Straße, auf der man unterwegs ist, ist immer noch die SP 159, die hinter Grosseto auch noch einmal den Ombrone überquert. Auf der Fahrt kann man erst noch die weiten Felder mit ihrer hier typischen rot-braunen Erde erspähen, Olivenbäume und Getreidefelder behaupten sich. Dann beginnt die Straße stetig anzusteigen, wird kurvenreicher, aber

 **La Cantina di Simone**

Wein, Salumi und Käse. Über der Tür steht: »In questa cantina devi entra'. Vale la pena« – In diesen Weinkeller sollst du eintreten. Es lohnt sich!
Via Vittorio Emanuele II, 14/16, 58054 Scansano

Talamone, einst der Hafen von Siena, ist heute ein vornehmer Jachthafen.

sehr schön. Auch das mittelalterliche **Scansano** hat sich auf einer 500 m hohen Bergkuppe verschanzt, gerade die Küstengegend hier im Süden war häufig das Ziel erst von Sarazenen, später von Piraten, die mit ihren Überfällen den Landstrich unsicher machten. Aus dieser Gegend stammt auch der Morellino di Scansano, ein Wein aus der Sangiovese-Traube, die hier Morellino heißt. Die Erde und das Meer geben ihr hier den besonderen Geschmack.

FILMREIFE PANORAMEN AM MEER

Es geht von Scansano ein Stück zurück und dann auf kleinen Straßen wieder ans Meer nach **Talamone**, während der Renaissance der Hafen von Siena. Heute wird die Bucht noch von dem mächtigen Fort beherrscht. Der Jachthafen zeugt davon, dass sich hier die finanzkräftige Klientel aus Rom gerne ein Stelldichein gibt, obwohl keine breiten Sandstrände locken. Die Torre di Talamonaccio diente 2008 als Filmkulisse für James Bond in

»Quantum of Solace«. Heute kann man sie mieten – braucht aber ein filmreifes Budget dafür.

WICHTIGES REFUGIUM FÜR WILDTIERE

Viel interessanter ist der große **Parco Regionale della Maremma**, ein sehr sorgfältig überwachtes Naturschutzgebiet, das man zeitweise nur mit Führung betreten kann, um die zahlreichen dort lebenden Tiere nicht zu stören, darunter viele Vogelarten, aber auch Wildkatzen, Steinmarder, Stachelschweine und Damwild. Die Besichtigung kann per Fahrrad, Kutsche, Kanu oder zu Fuß erfolgen. Hoch über den Pinienwäldern thronen Wachtürme aus dem Spätmittelalter, die rechtzeitig vor Überfällen warnen sollten und dies mittels Feuerzeichen weitergaben.

MIT KUNST GEGEN ILLEGALE SCHLEPPNETZFISCHEREI

Und im Norden, bei Alberese (von Talamone ein Stück weit die SS 1 Richtung Norden), kann man auf die langhörnigen Rinder der Maremma und ihre Cowboys treffen, die hier *butteri* heißen und ihre Arbeit nach wie vor auf Pferden bewerkstelligen (Infos: www.parco-maremma.it).

Seit Jahren macht vor der Küste von Talamone der Fischer Paolo Fanciulli auf illegale Schleppnetzfischerei aufmerksam – und versucht sie zu verhindern. Erst mit Betonklötzen am Meeresgrund, die die Schleppketten stören, dann mit Kunstwerken, etliche aus dem berühmten Carrara-Marmor, die im Meer versenkt werden und von Tauchern besichtigt sowie von den Meeresbewohnern besiedelt werden können.

 **Pescaturismo**

Fangen Sie Ihren eigenen Fisch! Von Talamone aus gibt es Angebote zum Pescaturismo. Der berühmteste ist **Paolo Fanciulli**. Hierbei fährt man mit dem Fischer hinaus, fängt den Fisch und es gibt ein Essen an Bord – sowie viel Wissenswertes über das Meer. Buchungen über www.paoloilpescatore.it

ETAPPE 3

Durchs Hinterland von Talamone nach Orbetello

178 km ca. 3 ¼ Std.   

Von **Talamone** aus kann man bereits die Isola del Giglio und den Monte Argentario erkennen, Letzterer ist eine durch die Lagune mit dem Festland verbundene Halbinsel. Diese Etappe führt Sie aber zuvor noch einmal ins Landesinnere, wo mit den Quellen von Saturnia, dem Dorf Pitigliano, den etruskischen Funden bei Sovana und dem Parco dei Tarocchi noch einige Schätze warten, die sich in diesem weniger bekannten Teil der Toskana verbergen. Über **Fonteblanda** führt die SS 1 Richtung Süden (hier auch E 80). Der gut ausgebauten vierspurigen Straße ist es nicht anzusehen, dass schon in der Römerzeit hier eine wichtige Verkehrsader verlief – die **Via Aurelia**. Sie verband Rom mit Pisa. Bei **Albinia** verlassen Sie die Küstenstraße und nehmen die SR 74 ins Landesinnere nach Manciano. Die Fahrt geht durch die typischen weiten Felder der Maremma. Erst vor Manciano wird die SR 74 kurvenreicher und steigt an, **Manciano** mit seinem Kastell (Rocca oder auch Cassero genannt) zeichnet sich schließlich malerisch am Horizont ab. 444 m hoch gelegen, erlaubt die Lage einen Blick auf die Küste und das Land, durch das Sie gerade gefahren sind.

Manciano liegt auf einer Anhöhe über der Maremma.

HERRLICH HEISSE QUELLEN

Saturnia ist von der SR 74 im Ort gut ausgeschildert. Die SP 159 windet sich nun durch waldreiches Gebiet bis **Montemerano**, von dort zweigt die Straße nach **Saturnia** ab. Etwas aufpassen muss man, dass man die Abzweigung nach links zur frei zugänglichen Badestelle mit ihren natürlichen Sinterbecken nicht verpasst. Die **Cascate del Mulino** sind ein herrliches Naturschauspiel; das 37,5 °C heiße, schwefelhaltige Wasser ist nicht Teil einer Badeanstalt, sondern einfach Teil der Natur. Die Cascate sind bei Einheimischen wie Besuchern beliebt, hier ist man folglich selten allein.

Die Cascate del Mulino in Saturnia bieten höchsten Wellness-Genuss.

Die Etrusker legten die Vie Cave, Wege in tiefen Schluchten an. Der Grund dafür ist noch nicht geklärt.

Etwas weiter die Straße hinauf liegen die **Terme di Saturnia Spa & Golf Resort**. In diesem befindet sich das eigentliche Quellbecken der Thermen, und man kann sich hier (unter anderem durch deutsche Anbieter) komplett zu einem Wellnessurlaub einbuchen – aber auch als Tagesbesucher die Thermalbäder und Liegewiesen nutzen.
Nach dem entspannenden und regenerierenden Bad folgen Sie einfach weiter der SP 10, die hinter Catabbio zur SP 22 wird und Sie auf sehr schöner Strecke nach **Sovana** führt. Vor dem eigentlichen Ort und direkt an der SP 22 liegt der Parkplatz für die **Città del Tufo** – die Tuffsteinstadt, eine große etruskische Nekropole. Sie ist nicht die einzige in dieser Gegend, aber mit der Tomba Ildebranda eine der wichtigsten und bekanntesten. Etwas rätselhaft sind bis heute die Vie Cave, nach oben offene Gänge, die in den Tuffstein gegraben wurden und deren Bedeutung immer noch unklar ist. Die Theorien reichen von Kommunikationswegen bis zu Bewässerungssystem.

IM LICHT DER ABENDSONNE

Der Tuffstein jedenfalls zeugt von der vulkanischen Entstehung der gesamten Gegend. Eindrucksvoll ruht der Ort **Pitigliano** auf einem 300 m hohen Tuffsteinmassiv, das von zwei Flussläufen herausgeschält wurde. Die Häuser scheinen aus dem Tuffstein geradezu herauszuwachsen. Pitigliano gehört zu den bekanntesten und pittoreskesten Dörfern der Region, ist aber nicht von Touristen überlaufen. Spektakuläre Ansichten ergeben sich, wenn die Abendsonne den Tuffstein scheinbar zum Glühen bringt.
Tipp: Besuchen Sie das restaurierte **jüdische Viertel** (Piccola Gerusalemme). Ab dem 16. Jahrhundert entstand hier ein Getto für die vielfach von anderen Orten geflohenen Juden. Zu sehen sind die Synagoge und ein Jüdisches Museum.
Bei Pitigliano gelangen Sie wieder auf die SP 74, kehren nach Manciano zurück und nehmen dann die Abzweigung nach **Capalbio** (Kreisel bei La Sgrilla, Richtung Vallerana). Die SP 101 führt Sie nun Richtung Süden und direkt zum **Parco dei Tarocchi**. Die Künstlerin Niki de Saint Phalle, die in Deutschland etwa mit ihren »Nanas«

*In **Pitigliano** lässt sich bei einem Kaffee die herrliche Aussicht genießen, alternativ kann man zu Fuß der Geschichte dieses Ortes nachspüren.*

Weitere Details in der ADAC Trips App

Die Toskana ist serpentinenreich.

berühmt geworden ist, ließ sich 1979 durch den Park Güell in Barcelona inspirieren. Die Tarocchi sind die Bilder auf den Tarotkarten und werden hier zu plastischer Realität. Erst 1996 wurde der Park fertig, vollständig finanziert von Niki selbst.

LAGUNE UND INSELGLÜCK

Von hier gelangt man schnell auf die SS 1 an der Küste (schon wieder die Via Aurelia) und ist in Kürze bei der **Lagune von Orbetello**. Über einen Damm kann man direkt auf die Insel fahren.
Der Ort **Orbetello** liegt auf einer Landzunge, die sich über die Lagune erstreckt und über einen Damm das Festland mit dem vorgelagerten **Monte Argentario** verbindet. Die SP 161 führt durch das Nadelöhr, das durch das alte Stadttor entsteht.
Über eine Brücke geht es nach **Porto Santo Stefano**, wo die Schiffe zur Isola del Giglio ablegen.
Tipp: Fahren Sie bei Orbetello Scalo von der SP 161 ab und nehmen Sie die Via Marino de Santis, die zum **Lungolago** führt.
So fahren Sie direkt an der Lagune entlang bis vor zum Parkplatz, von dem aus man die **alte spanische Windmühle**, die im Wasser steht, sehen kann. Von hier aus gelangt man auch wieder auf die SP 161, die über den Damm zum Monte Argentario führt.

*Ob die Lichtreflexe auf dem Meer für den Namen Silberberg, **Monte Argentario**, verantwortlich sind?*

Weitere Details in der ADAC Trips App

Der Parco dei Tarocchi wurde von Niki de Saint Phalle gestaltet.

Die Windmühle bei Orbetello wurde von den Spaniern errichtet und war ursprünglich eine Gezeitenmühle.

An der Westküste des Monte Argentario verläuft die Via Panoramica mit Blick auf die Insel Giglio.

Unterwegs in der Toskana

Praktische Tipps für Ihre Reise

Die Toskana zählt seit geraumer Zeit zu den beliebtesten Reisezielen für Erholungssuchende sowie Bildungsreisende in Europa. Erlebnis-, Wander- und kulinarische Reisen sind längst hinzugekommen. Einen wahren Boom haben die *agriturismi* und Bed & Breakfast-Angebote erlebt. Für Autofahrer ist die Toskana kein schwieriges Terrain, denn die Straßen sind gut ausgebaut und nur selten geht es richtig in die Berge. Meist bewegt man sich in einer hügeligen Landschaft und kann gemütlich von Ort zu Ort rollen. Notwendige und nützliche Tipps erhalten Sie auf den folgenden Seiten, damit Ihr Roadtrip auch wirklich zum Traumurlaub wird – *Buon viaggio!*

Siehe Seite 168

Dank der gut ausgebauten Landstraßen wird eine Fahrt durch die Toskana zum Genuss.

ANREISE

Für die **Einreise** nach Italien benötigt man einen gültigen **Personalausweis** oder **Reisepass**, Kinder unter zwölf Jahren einen elektronischen Reisepass (noch gültige Kinderreisepässe werden auch akzeptiert). Grenzkontrollen gibt es in der Regel nicht mehr.

AUTO

Von Süddeutschland aus ist die Anfahrt mit dem eigenen Auto nach Florenz an einem Tag machbar. Die Pässe von **Gotthard** und **Brenner** sind die Einfallsstraßen in den Süden. 650 km sind es ab München, etwas mehr als 800 km ab Stuttgart. Ab Salzburg legt man rund 700 km zurück, und Schweizer, die in Zürich starten, je nach Streckenwahl 600 km oder mehr. In Italien ist eine **Vollkaskoversicherung** empfehlenswert, und man sollte die **ADAC-Pannenhilfe** kennen. Im Auto sind eine Warnweste *(giubotto di avvertimento)*, ein Warndreieck *(triangolo di segnalazione)* und ein Erste-Hilfe-Set *(cassetta di pronto soccorso)* mitzuführen. Zwischen Oktober und Ostern sind teilweise Winterreifen vorgeschrieben und auch wirklich empfehlenswert. Immer dabei sein müssen der **Fahrzeugbrief** (der bei den Italienern immer im Auto bleibt) sowie der **Versicherungsschein**.

Die Brennerautobahn ist eine der klassischen Reiserouten nach Italien.

Von Süddeutschland bietet sich der Nachtzug nach Italien an.

BAHN

Ab München gibt es, via Salzburg, nun wieder **Nachtzüge** nach Italien – was bei älteren Reisenden vielleicht nostalgische Erinnerungen weckt (www.nightjet.com). Bereits um 7 Uhr ist man in Santa Maria Novella, dem Bahnhof von Florenz, und auch schon mitten in der Stadt. Ab Baden-Württemberg ist die Anreise komplizierter. Man kann mit dem Bus nach Mailand fahren und dort in einen der **Schnellzüge** *(Frecciarossa)* einsteigen (Umsteigezeit von 2 Std. einplanen wegen möglicher Verspätung des Busses am Gotthard-Tunnel). Leider verkauft die italienische Bahn keine Tickets mehr über die DB, man muss sie also direkt bei www.trenitalia.com erwerben. Mehrmals täglich gibt es Direktverbindungen etwa von Zürich, Genf und Basel nach Mailand, von dort reist man weiter nach Florenz.

FLUGZEUG

Die schnellste Anreise erfolgt mit dem Flugzeug. Florenz oder Pisa werden regelmäßig angeflogen. Wer ganz in den Süden der Toskana will (oder von dort wieder weg), kann auch nach Rom fliegen, mit dem Auto ist man in zwei Stunden in der Maremma. Von München sind die Flugverbindungen besser als aus dem Südwesten Deutschlands. Wer nicht zu viel Gepäck hat, kann auch bis Mailand fliegen und dort den Schnellzug nach Florenz nehmen. Da Mailand von vielen deutschen Großstädten angeflogen wird, könnte dies preiswerter und zeitlich günstiger sein.

MIETWAGEN

Man sollte ein Mietfahrzeug vorab buchen und dabei auf umfassenden Versicherungsschutz, sprich **Vollkasko**, achten, sodass vor Ort keine Versicherungen mehr abgeschlossen werden müssen. Zum Anmieten muss man mindestens **21 Jahre** alt sein, ein *documento d'identità* vorweisen und eine *carta di credito* für die Kaution vorlegen.
Für die Toskana empfiehlt sich ein kompakter Mittelklassewagen, denn die Entfernungen sind auf den beschriebenen Touren nie lang, und bei der Parkplatzsuche wird man froh sein, wenn es sich um ein kleineres Auto handelt.

Landstraßen sind blau beschildert, Besichtigungsorte braun.

MIT DEM AUTO UNTERWEGS

Für eine Reise durch die Toskana bietet sich ein »eigenes« Fahrzeug an. Viele kleine Dörfer und gerade schöne Gebiete und Strecken, Weingüter und Unterkünfte sind nur mit dem Wagen erreichbar. Auch die kleinen Straßen befinden sich durchweg in einem guten Zustand. Höchstens die private, zypressenbestandene Zufahrt zu dem einen oder anderen *agriturismo* könnte holprig sein. Solche An- und Auffahrten verlangen vom Wagen mitunter eine gewisse Bodenfreiheit.

STRASSEN

Autostrada (Autobahn): Mit grüner Beschilderung gekennzeichnet, bilden die Autobahnen zwei wichtige Achsen. Die A 1 kommt von Norden (Bologna), führt an Florenz vorbei und geht Richtung Arezzo weiter nach Rom. Aus Ligurien (Nordwesten) kommt die A 12 und führt an der Küste entlang bis kurz vor Cecina. Die A 11 verbindet Viareggio mit Florenz und der dortigen A 1. Südlich von Florenz führt die RA 3 bis kurz vor Siena. Das restliche Gebiet ist mit den *strade statali* sowie den *strade provinciali* und *regionali* erschlossen.
Die Autobahnen sind in Italien **gebührenpflichtig**. Es gibt zudem ein **Tempolimit**, das bei 130 km/h liegt. Nicht alle italienischen Autofahrer halten sich daran. Man sollte in jedem Fall wissen, dass italienische Autobahnen nicht für sehr hohe Geschwindigkeiten ausgelegt sind und in durchaus unterschiedlichem Zustand sein können.

Immer wieder erscheint die Silhouette eines Ortes am Horizont, hier Pienza.

Strada statale (Abkürzung SS plus Nummer), blaue Ausschilderung: Die Staatsstraße ist etwa vergleichbar mit unseren Bundesstraßen. Diese Straßen folgen meist den älteren Routen, die die Orte vor dem Bau der Autobahn miteinander verbunden haben. Die SS führen durchweg durch die Orte hindurch, auch wenn man mittlerweile in vielen Städten den Autoverkehr geschickt um den Ortskern herumleitet. Das macht sie zu sehr interessanten und häufig landschaftlich reizvollen Routen. SS können sehr unterschiedlich beschaffen sein, manche Abschnitte sind vierspurig ausgebaut, andere einfache Landstraßen. Höchstgeschwindigkeit ist in der Regel 90 km/h. In Orten gilt, wie bei uns, Tempo 50 km/h. Angeraten ist ein ruhiges und rücksichtsvolles Fahren. Die SS führen häufig durch unübersichtliches Gelände, Kurven oder Kuppen erschweren die Übersicht, gerade in den hügeligen Gebieten, die den Charme der toskanischen Landschaften ausmachen. Lassen Sie sich Zeit und verzichten Sie auf riskante Überholmanöver.

Strada Provinciale oder **Strada Regionale** (SP oder SR plus Nummer), blaue Ausschilderung: Die Provincia ist der Landkreis, die Regione

*Der ADAC hat die **Verkehrsregeln für Italien** in deutscher Sprache zusammengefasst.*

»Chi va piano, va lontano«, wer langsam fährt, kommt weit – so die Italiener.

das Land, also zum Beispiel die Regione Toscana. Von der Beschaffenheit her können die SP und SR den SS ähneln oder kleine Single Tracks oder sogar asphaltierte Feldwege sein. In der Toskana sind sie mit dem Pkw allesamt problemlos befahrbar. Die zulässige Höchstgeschwindigkeit liegt auf den SP ebenfalls bei 90 km/h.

Am Wegesrand findet man regelmäßig kleine blau-weiße Schilder mit der exakten Straßenbezeichnung und einer Kilometerangabe. Die beiden Bezeichnungen *provinciale* oder *regionale* werden in der Toskana praktisch synonym verwendet. Auf Google Maps findet man daher manchmal eine Strada regionale, die sich durch das kleine Kilometerschild dann vor Ort aber als Strada provinciale erweist. Entscheidend ist hier immer die Nummer.

FAHRWEISE

Die Verkehrsregeln in Italien sind im Großen und Ganzen dieselben wie in Deutschland. Der vielleicht größte Unterschied liegt in der Flexibilität, dem Geben und Nehmen vor Ort, mit dem man sich verständigt. Stures Verhalten ist im italienischen Straßenverkehr nicht angemessen. Lassen Sie sich vom Verkehrsfluss mitnehmen, achten Sie auf die anderen Fahrer und bewahren Sie stets Ruhe. Sie werden sehen, dass Sie so ganz zügig und problemlos durchkommen.

KARTEN UND NAVIGATION

Das Navigieren mit den einschlägigen Navi-Systemen funktioniert in der Toskana gut. Sie können sich die hier vorgeschlagenen Routen herunterladen oder auch die fett gedruckten Namen im Text in Ihr Navi eingeben. Aber auch nach Karte und Straßennummer zu fahren, ist kein Problem. Denn in der Regel ist auch die Ausschilderung vor Ort sehr gut.

Achtung Schilder: Die Italiener lieben schräg gestellte Schilder mit Ortsnamen und dem Pfeil nach links oder rechts. Das bedeutet, dass die Straße geradeaus führt, eben einfach dem Pfeil folgen, wie er in der Landschaft hängt. Da solche Schilder in Deutschland nicht verwendet werden, kann das schon mal zu Irritationen führen.

Braune Schilder verweisen auf Kultur- oder Naturdenkmäler sowie innerorts auf Restaurants, Betriebe usw.

PARKEN

Parkbuchten und -plätze sind mit verschiedenfarbigen Markierungen auf dem Straßenasphalt oder -pflaster gekennzeichnet:

- Weiß: Parken erlaubt
- Blau: Privatparkplatz oder zahlungspflichtiger Parkplatz

Auch die kleinen Straßen lassen sich ganz entspannt und problemlos befahren.

- Gelb: Reservierte Parkplätze, Parken nicht erlaubt
- »Zona rimozione«: Findet sich irgendwo das Abschlepp-Piktogramm *(rimozione forzata)*, ist dieses unbedingt ernstzunehmen.

Die Toskana ist gut auf Besucherströme vorbereitet und leitet den Verkehr häufig leicht verständlich zu entsprechenden Parkplätzen. Praktisch immer ist das auch die beste Lösung für das Parkplatzproblem.

Häufig vorkommende Schilder	
divieto di accesso	Zufahrt verboten
lavori in corso	Bauarbeiten
parcheggio	Parkplatz
rallentare	langsam fahren
senso unico	Einbahnstraße
strada senza uscita	Sackgasse
zona pedonale	Fußgängerzone
deviazione	Umleitung
tutti le direzioni	alle Richtungen
bloccato/strada chiusa	gesperrt

TANKSTELLEN UND E-LADESTATIONEN

Italien verfügt über ein sehr gutes und dichtes Tankstellennetz. Getankt werden *Senza Piombo* (SP – bleifreies Benzin) 95 oder 98, manchmal mit E5 oder E10 (Biokraftstoffen). Außerdem steht natürlich Diesel *(gasolio)* zur Verfügung. Billiger als in Deutschland ist Tanken leider nicht. Für die vorliegenden Touren reicht es, wenn Sie bei weniger als einer Viertel-Tankfüllung bei der nächsten Gelegenheit den Tank wieder füllen. Inzwischen kann man sich auch mit dem E-Auto durch Norditalien wagen. Man muss seine Routen aber vorher besser durchplanen.

PANNE UND UNFALL

Wer mit dem Mietwagen unterwegs ist, ruft bei allen Problemen zunächst den Autovermieter an. Bei schwereren Unfällen, besonders mit Personenschäden, sind die Polizei und die *ambulanza* (Rettungswagen) zu verständigen.
Die Nummer **112** ist der einheitliche **Notruf**. Der Anruf geht an eine Einsatzzentrale der Polizei, die entscheidet, wer tatsächlich kommt.
Da Autovermieter und Versicherungen eine ordnungsgemäße Aufnahme des Unfalls vorschreiben, ist auch bei Unfällen mit Bagatellschäden immer die Identität und die Versicherungsnummer der Unfallbeteiligten festzustellen und die Polizei zu rufen. Das empfiehlt sich auch, wenn man mit dem eigenen Wagen einen Unfall hat. Der ADAC stellt auf seiner Website Muster für einen Unfallbericht in verschiedenen Sprachen zur Verfügung. Wer mit dem eigenen Wagen unterwegs ist, sollte sich beim ADAC über einen entsprechenden **Auslandsschutz** informieren.
Alle Infos findet man unter: adac.de/der-adac/ueber-uns-se/aktuelles/was-tun-bei-panne-im-ausland.
Für Hilfe rund ums Fahrzeug kann man auch die **ADAC Pannenhilfe App** verwenden.

Das Wohnmobil oder der Camper-Van sind durchaus eine Option für die Toskana-Reise.

VAN UND WOHNMOBIL

Die hier vorgeschlagenen Touren sind für Pkw (oder natürlich Motorrad) konzipiert. Die meisten Straßen sind auch für Bullis, Vans oder sogar Wohnmobile gut zu fahren – bei Letzteren sollte man sich vorher aber die Streckenführung noch einmal genau ansehen. Angebote von Campingplätzen gibt es reichlich – und im Prinzip ist das Campen in der Toskana eine gute Alternative zum sonstigen Übernachtungsangebot, denn die Preise für Hotels und andere Domizile sind bisweilen hoch. Dabei ist jedoch zu empfehlen, schon vorab Stellplätze zu buchen. Mit der **ADAC Campcard** bekommt man Rabatt. Wildes Campen sollte man tunlichst unterlassen. Einen aktuellen ADAC Stellplatzführer finden Sie im ADAC Shop.

WITTERUNGSVERHÄLTNISSE

Die milden Temperaturen erlauben meistens ein problemloses Fahren. Im Herbst oder Winter kann es allerdings zu starkem Regen, Überschwemmungen und Unterspülungen kommen. Die Tatsache, dass sich das Mittelmeer mittlerweile erwärmt hat, bekommt die Toskana leider deutlich zu spüren. In höheren Regionen kann es auch zu Schneefall kommen. Die Hinweisschilder, was das obligatorische Mitführen von Schneeketten betrifft, wirken allerdings etwas übertrieben. Nur ganz

Getreidefelder, im Frühling von Klatschmohn durchsetzt, Schirmpinien und Zypressen prägen die Landschaft der Toskana.

wenige Strecken der hier vorgestellten Touren führen auf über 500 m Höhe, so etwa in den Apuanischen Alpen oder nördlich von Florenz auf dem Futa-Pass.

PRAKTISCHES FÜR DEN REISEALLTAG

GELD UND KREDITKARTEN

Geld erhält man an jedem Bankautomaten mit EC-Karte oder Kreditkarte mit PIN. Es gibt sie reichlich. Mittlerweile kann man auch in zahlreichen Geschäften mit der Karte zahlen, doch darauf sollte man sich nicht verlassen. Das gilt besonders auch für Pensionen, *agriturismi* oder Restaurants. Für das Bezahlen mit dem Smartphone gilt das Gleiche. Es ist inzwischen zwar ebenfalls verbreitet, aber etwas Bargeld sollte man stets dabeihaben.

GESUNDHEIT

Bei akuten Krankheitssymptomen ist die richtige Anlaufstelle das nächste *ospedale* (Krankenhaus) mit dem *pronto soccorso* (Notaufnahme) vor Ort. Nach Vorlage Ihrer **Krankenversicherungskarte**, auf deren Rückseite sich die Europäische Krankenversicherungskarte (blau) befindet, werden Sie behandelt. Mit nicht verschreibungspflichtigen Medikamenten sind die italienischen **Apotheken** *(farmacia)* bestens ausgestattet – die Beratung ist meist sehr freundlich und kompetent.
Empfehlenswert ist der Abschluss einer zusätzlichen **Auslandsversicherung**, die einen Rücktransport miteinschließt. Solche Angebote haben neben dem ADAC auch viele andere Versicherungen. Wer sofort operiert werden muss, sollte dem auch zustimmen – Italien hat bestens ausgebildete Ärzte.

HAUSTIERE

Wer seinen Hund oder ein anderes Tier mitnehmen möchte, muss gut vorausplanen. In den meisten Unterkünften sind Haustiere nicht gestattet. Auch über die Anreise muss man sich Gedanken machen, denn schon aus Süddeutschland sind es 600 bis 800 km, die das Tier im Auto zu verbringen hat. In Restaurants, Hotels und Pensionen, Besichtigungsstätten oder im Mietwagen sind Hunde (und andere tierische Begleiter) meist ebenso nicht erlaubt.
Für **Hundebesitzer** rechtlich verpflichtend ist eine Hundehaftpflichtversicherung, ein Mikrochip als Kennzeichnung, eine Tollwutimpfung (mindestens 21 Tage vor Reisebeginn) sowie ein EU-Heimtierausweis. Ist der Hund jünger als drei Monate, darf er nicht nach Italien einreisen.
In Italien gilt außerdem eine strenge **Leinenpflicht**: Jeder Hund muss an einer maximal 1,5 m langen Leine geführt werden. Ein Maulkorb ist mitzuführen, der dem Hund auf Verlangen anzulegen ist (z. B. in öffentlichen Verkehrsmitteln). Im Auto ist der Hund vorschriftsmäßig zu sichern.

INTERNET UND TELEFON

Als die Handys aufkamen (ital. *cellulare)*, fielen sie bei den Italienern in nur zu dankbare Hände. Heute ist das

Erzeugermärkte, wie hier in Pisa, bieten die landwirtschaftlichen Produkte der Region an.

Smartphone wie überall nicht mehr wegzudenken. Manche Dinge wie Tickets, Parkgebühren usw. können teilweise nur noch per App bezahlt werden. WLAN ist im öffentlichen Raum teils verbreiteter als bei uns. **Roaming** ist mit den meisten Anbietern in Italien kein Problem, das Mobilfunknetz erstklassig ausgebaut. Öffentliche Fernsprecher sind weitgehend demontiert.

KLIMA UND REISEZEIT

Die – deutsche – Direktorin der Galleria dell'Accademia hat Florenz kürzlich als »meretrice del turismo« (Prostituierte des Tourismus) bezeichnet und musste sich für dieses Statement umgehend entschuldigen.Tatsächlich ist das übertrieben. Natürlich weist Florenz hohe Besucherzahlen auf, aber je nach Jahreszeit und persönlichem Interesse erlebt man sie immer noch als Stadt der Italienerinnen und Italiener. Übrigens muss es für eine schöne Reise durch die Toskana nicht immer Ostern oder der Hochsommer (für den Badeurlaub) sein. Im Februar etwa lässt sich wunderbar entspannt und meist bei ganz gutem Wetter reisen. Im November muss man verstärkt mit Regen rechnen, kann aber Florenz zum Beispiel ohne Massenandrang genießen. Auch der beginnende Juni ist eine noch unterschätzte Reisezeit, denn er markiert gerade die Zwischenphase zwischen dem Oster- und dem

Sommertourismus und ist eine entsprechend angenehme Reisezeit.

MÄRKTE

Toskanische Städte sind für ihre reichhaltigen Märkte bekannt, darunter auch solche für Kleider, Schuhe und Haushaltswaren. Hier lassen sich hochwertige Produkte zu kleinem Preis finden, etwa bei Lederwaren (Florenz, Siena). Es gibt Antiquitätenmärkte, die überregional berühmt sind (etwa in Arezzo). Landwirtschaftliche Veranstaltungen (*fiere*, Weinfeste usw.) werden in vielen Orten abgehalten und laden zum Verkosten und Einkaufen ein.

ÖFFENTLICHE VERKEHRSMITTEL

Das Angebot von Bussen und Bahnen ist leider sehr auf die großen Städte, besonders Florenz, ausgerichtet. Das gilt auch für die Lokalzüge, die für Berufspendler und für die Heerscharen von Schülern gedacht sind, die zu bestimmten Zeiten in die Wagen einfallen. Nicht jede *stazione* (Bahnhof) liegt zudem in der Innenstadt. Wer also von seinem *agriturismo* in Chianti-Gebiet einen Tagesausflug nach Florenz machen möchte, kann gut Bus oder Bahn nutzen und einmal das Auto stehen lassen. Ansonsten kann man sich an vielen Orten auch kommerziell angebotenen

Viele Highlights, hier die Abtei von San Galgano, sind nur mit dem Auto erreichbar.

Tagesrundfahrten mit Verköstigung und Weinprobe in Kleinbussen anschließen.

ÖFFNUNGSZEITEN

Italienische **Werktage** *(giorni lavorativi)*, auf Schildern mit zwei gekreuzten Hämmern dargestellt, sind Montag bis Samstag *(lunedì–sabato)*, Samstag ist jedoch ähnlich wie bei uns vielerorts bereits Wochenende. Auch in Norditalien liebt man die **Mittagspause**, die neben dem Essen *(pranzo)* auch eine gewisse Ruhephase vorsieht. Dafür wird in den Unternehmen dann nicht selten bis 19 oder 20 Uhr gearbeitet. In kleineren Orten schließen die Läden um 13 Uhr und öffnen wieder ab 15.30 Uhr – das gilt auch für eine Reihe von Geschäften in Florenz. Je touristischer der Ort, desto mehr hat man sich auf die nordischen Besucher eingestellt, die auch in der Mittagszeit durch die Stadt stromern, und verzichtet auf eine *siesta*.
Archäologische Stätten *(scavi, zona archeologica)* öffnen meist ab 9 Uhr morgens und schließen um 17/18 Uhr.
Supermärkte, vor allem die größeren an den Ortsrändern, haben täglich geöffnet, meist schon ab 8.30 Uhr. Häufig gibt es auch in den Ortschaften kleinere Supermärkte, die durchgehend geöffnet sind. Die beste Zeit für Einkäufe und Besorgungen werktags ab 9 Uhr.
Museen und andere Sehenswürdigkeiten wie **Burgen** haben meist montags geschlossen (vorher informieren!).

POST

Die italienische Post (Poste Italiane e Telegrafi) betreibt mitunter bombastische Gebäude, die unter Mussolini errichtet wurden. **Briefmarken** kauft man jedoch besser in Geschäften mit dem großen »T« auf dem Schild. Tipp: Am besten gleich auf Vorrat kaufen, denn Briefmarken gibt es nicht an jeder Ecke. Das Porto für eine Postkarte ins europäische Ausland beträgt 1,25 €.
Briefkästen haben übrigens zwei Schlitze: einen für lokale Post und einen für entferntere Ziele *(per tutte le altre destinazioni)*.

SICHERHEIT

Die Toskana ist für Touristen ein sicheres Reiseziel. Daher genügt es, die allgemeinen Sicherheitsvorkehrungen zu treffen, wie man es auch zu Hause tut, um einem eventuellen Handtaschendiebstahl oder Trickbetrug zu entgehen. Im Auto sollte man keine offen sichtbaren Wertgegenstände liegen lassen und in großen Menschenansammlungen, an Bahnhöfen und touristischen Hotspots besonders achtgeben.

THEATER, KONZERTE UND EVENTS

Die Toskana hat zahlreiche teils spektakuläre Events zu bieten, vom **Karneval** (der berühmte in Viareggio mit seinen auch politischen Themenwagen wird im italienischen Fernsehen übertragen) bis zum **Palio** in Siena (dem spektakulären und nicht ungefährlichen Pferderennen auf der Piazza del Campo), um nur die bekanntesten zu nennen. Musikfestivals finden an Stätten wie dem **Teatro Romano** in Fiesole statt. Viele Städte organisieren einen Veranstaltungssommer *(estate)* mit Musik und Theater

Siehe Seite 120

In aller Ruhe und Gemütlichkeit erreicht man auf schmalen Sträßchen die beeindruckende Stadt Pienza.

Die schönsten Orte sind auch für Hochzeiten (matrimoni) sehr beliebt.

(am besten informiert man sich beim lokalen *ufficio di turismo*).
In Florenz gibt es seit 2014 (wieder) ein Opernhaus, das **Teatro del Maggio Fiorentino** (www.maggiofiorentino.com), das das frühere Teatro Communale ersetzt. Auch sonst kann sich das Konzertprogramm in Florenz sehen lassen und reicht von Jazz bis zu Ikonen wie Gianna Nannini.

UNTERKUNFT UND HOTELS

Die Toskana ist touristisch sehr stark nachgefragt. Das gilt in erster Linie für Städte wie Florenz oder Siena mit ihren unglaublichen Kunstschätzen und wunderbaren Innenstädten, aber natürlich auch für die ländlichen Regionen, in denen charmante Häuser und traditionelle Gehöfte Besucher beherbergen. Unterkünfte gibt es natürlich in jeder Preiskategorie, vom hochpreisigen **Luxushotel** bis zur **Bed & Breakfast-Unterkunft** oder dem **Airbnb**. Am schönsten sind vielleicht die inhabergeführten privaten Unterkünfte. Viele liebevoll gemachte und sehr originelle B & Bs machen die Unterkunft selbst zum Erlebnis.
Das gilt auch für die **Agriturismi**. Dies sind zumeist frühere Bauernhäuser oder landwirtschaftliche Nutzbauten, die schön renoviert heute als Apartments, B & Bs oder Ferienwohnungen

vermietet werden. Bei vielen kann man die frühere Funktion noch gut erkennen. Und nicht selten erlebt man den immer noch aktiven Betrieb des Weinguts oder der Olivenölproduktion. Portale wie Booking.com oder HRS helfen bei der Suche weiter. Einige schöne Ideen zum stilvollen oder authentischen Übernachten finden sich auch im Tourenteil dieses Buchs.
Da die Toskana ein geologisch aktives Gebiet ist und viele Thermalquellen besitzt, eröffnet sich auch die Möglichkeit eines Wellness- oder Kuraufenthaltes. Wer will, kann sich in einem **Thermenhotel** und Spa mit Bädern, Massagen und gutem Essen rundum verwöhnen lassen. Viele dieser Angebote haben auch deutschsprachige Websites.
Wer ein wenig sucht, kann auch mit kleinem Geldbeutel schöne Reisen durch die Toskana unternehmen – und häufig sind es sogar die weniger teuren Angebote, die besonders reizvoll sind und auch etwas von Land und Leuten erleben lassen.
Nicht alle Regionen in der Toskana sind gleichermaßen bekannt und touristisch frequentiert. Die Apuanischen Alpen, das Casentino oder auch die Maremma sind nicht nur vielen *tedeschi* (Deutschen) unbekannt, auch viele Italiener kennen diese Regionen nicht aus eigenem Erleben.

Das Dorf Pitigliano scheint aus dem Tuffstein herauszuwachsen.

Auch für Familien ist die Toskana ideal, zumal die Entfernungen meist nicht groß sind.

An der Küste hat der Tourismus ganz unterschiedliche Gesichter. In Forte dei Marmi und Viareggio ist es sehr teuer und mondän. Südlich von Piombino stehen mit Follonica und Castiglione della Pescaia gut ausgestattete Ferienorte für die Sommerferien zur Verfügung. Zwischen Cecina und Piombino gibt es an der Etruskerküste viel Strand mit viel Platz.

ZOLLBESTIMMUNGEN

Innerhalb der EU unterliegen die Güter für den persönlichen Gebrauch keinen Beschränkungen und dürfen abgabenfrei eingeführt werden. **Richtmengen** für Privatreisende sind: 800 Zigaretten, 400 Zigarillos, 200 Zigarren, 1 kg Rauchtabak, 10 l Spirituosen (Grappa, andere Weinbrände ...), 20 l Zwischenerzeugnisse (Sherry, Portwein ...), 60 l Schaumwein, 110 l Bier, 10 kg Kaffee. Für **Wein** aus EU-Mitgliedstaaten wurde in Deutschland keine Richtmenge festgelegt, für die private Verwendung kann er in unbegrenzter Menge mitgebracht werden.

Außerdem muss bei der Ein- und Ausreise nach und von Italien mehr als 10 000 € **Bargeld** deklariert werden. Detailliert informiert Sie der Zoll Ihres Heimatlandes über die aktuellen Zollbestimmungen (www.zoll.de, www.bmf.gv.at/zoll, www.zoll.ch)

UNTERWEGS MIT KINDERN

Handy, Tablet & Co. haben keinen Akku mehr oder sind gleich zu Hause geblieben? Alle Hörbücher sind ausgehört? Neben dem Klassiker »Ich sehe was, was Du nicht siehst« sorgen diese Spiele für gute Stimmung auf den Rücksitzen:

FÜR KINDERGARTEN- UND GRUNDSCHULKINDER (MIT ANLEITUNG DURCH ELTERN)

- Ravensburger Tiptoi: Ratespaß auf Reisen - Sachwissen zu den Themen Straßenverkehr und Verkehrssicherheit (Altersempfehlung des Herstellers: 4-8 Jahre). Der Tiptoi-Stift muss separat erworben und sollte vor dem Urlaub komplett aufgeladen werden.
- Schmidt Spiele: Auto-Bingo, Bring Mich mit Spiel in der Metalldose (Altersempfehlung des Herstellers: ab 5 Jahre). Kleines, handliches Spiel für 1-3 Spieler, bei dem die Spieler verschiedene Gegenstände am Wegesrand entdecken und auf Kärtchen abhaken müssen.
- Uping: Magnetisches Holzpuzzle und Tafel (Altersempfehlung des Herstellers: ab 3 Jahre). Praktischer, kreativer Begleiter zum Puzzeln und Malen unterwegs, Vorsicht: Viele kleine Einzelteile, eventuell nur die größeren Magnetteile mit in den Urlaub nehmen!
- N. Pratt, E. Bone: Kunterbunte Spiele für lange Reisen: mit abwischbarem Stift. 50 Spielkarten mit Rätseln, Labyrinthen und Knobelaufgaben (Altersempfehlung: ab 6 Jahren, ISBN: 978-1782320296)
- S. Tudhope (Autor), M. Hill, M. Maynard (Illustrationen): Seitenweise Reisespiele: mit heraustrennbaren Seiten. Spieleklassiker wie Schiffe versenken, Tic Tac Toe für unterwegs (Altersempfehlung: ab 7 Jahren, ISBN: 978-1782322900)
- P. Gesierich: KFZ-Kennzeichen - Sticker-Sammelalbum für Ratespaß unterwegs auf Reisen (Altersempfehlung: ab 6 Jahren, ISBN: 978-3961118540)

FÜR JUGENDLICHE UND ERWACHSENE

- Coogam: Tangram-Buch mit 360 magnetischen Puzzle-Teilen. Traditionelles Puzzle aus Asien fürs Handgepäck mit einfachen und komplexeren Mustern zum Nachlegen (auch für Kinder ab 4 Jahren zum Mitspielen geeignet).
- R. Dobelli : Die Kunst des klaren Denkens: Das Kartenspiel, mit dem Sie Denkfehler erkennen und vermeiden (ISBN: 978-3742313287). Originelles und lehrreiches Kartenspiel zum Sachbuch-Bestseller »Die Kunst des klaren Denkens«.

Wie Burgen thronen manche Dörfer der Toskana über der Hügellandschaft. So auch das kleine Montecastello nahe Ponsacco.

REGISTER

BILDNACHWEIS

Titel: Pinienallee im Parco Regionale della Maremma, Foto: **plainpicture**
Rücktitel: San Gimignano, Foto: **stock.adobe.com**
Illustrationen Kartografie: Shutterstock.com, The Noun Project

Alamy Stock Photo: Simona Abbondio 89; AGF Srl 130; Vito Arcomano 85; David Broadbent 52; Clearview 127; Raluca Ioana Cohn 168; Roger Creber 123; Eye Ubiquitous 63; kevin hellon 159; imageBROKER.com GmbH & Co. KG 142, 144/145; incamerastock 118; Jakobusvide 54/55; Kui LI 112/113; Marco Taliani de Marchio 134/135; Lukas Mühlleitner 148/149; Chuck Pefley 25.1, 113; robertharding 153; StellaPhotography 66/67; Westend61 GmbH 104 – **gemeinfrei:** 29.1 – **Getty Images:** 14/15, 17, 18/19, 24.1, 64, 78, 100/101, 114, 115, 138, 143, 164/165, 169, 179, 181 – **Huber Images:** Stefano Amantini 95; Massimo Borchi 21, 79; Manfred Bortoli 30; Claudio Cassaro Umschlagklappe hinten; Stefano Cellai 26.2; Franco Cogoli 184/185; Stefano Coltelli Umschlagklappe hinten außen, 25.2; Guido Cozzi 7, 20, 38/39, 46/47, 48; Paolo Evangelista 9, 110/111; Markus Lange 12; Claudio Leolini 4; Davide Erbetta 26/27; Giorgio Filippini 177; Giovanni Simeone 174; Johanna Huber 81; Luigi Vaccarella Umschlagklappe vorne, 97, 122 – **imageBROKER:** Martina Katz 160 – **iStockphoto:** 102/103 – **laif:** Christian Beutler/Keystone Schweiz 167; Jörg Modrow 109 – **mauritius images:** Alamy Stock Photos 99; Cavan Images 10/11; Brian Hartshorn/Alamy 60/61; MacRein 171; Marco Porcu/Alamy Stock Photos 36; Dennis Schmelz 173; StevanZZ/Alamy 80/81; Westend61 120/121 – **picture alliance:** DUMONT Bildarchiv 141 – **seasons.agency:** Jalag/Andrea Di Lorenzo 42; Jalag/Lukas Spörl 82/83 – **Shutterstock.com:** 26.1, 27.1, 28.1, 28.2, 29.2, 33, 65, 72/73, 84, 98, 108, 124/125, 128/129, 131, 132, 133, 136/137, 146/147 – **stock.adobe.com:** 13, 22, 24/25, 24.2, 27.2, 28/29, 34/35, 40/41, 43, 44/45, 45, 56/57, 58/59, 61, 68/69, 71, 74, 77, 87, 88, 90/91, 92/93, 94/95, 107, 116/117, 119, 149, 150/151, 152, 154/155, 156, 157, 158, 161, 162/163, 166, 170, 176, 180, 182

IMPRESSUM

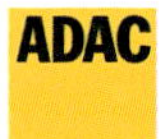

Markenlizenz der ADAC Medien und
Reise GmbH, München

ISBN 978-3-98645-111-0

1. Auflage 2024

Autor: Dr. Carsten Drecoll
Projektleitung und Verlagsredaktion: Benjamin Happel
Lektorat und Satz: Gudrun Raether-Klünker,
Thomas Rach, www.bintang-berlin.de
Bildredaktion: Petra Ender, Dr. Nafsika Mylona
Schlusskorrektur: Thomas Rach
Umschlaggestaltung und Layout: ZERO Werbeagentur
Kartografie: Huber Kartographie GmbH,
www.kartographie.de (Planungskarte);
Katharina Grimm, www.bintang-berlin.de (Innenkarten)
Herstellung: Felix Robitsch
Druck + Bindung: Florjancic tisk d.o.o., Maribor

Ein Unternehmen der
GANSKE VERLAGSGRUPPE

Wichtiger Hinweis
Die Daten und Fakten für dieses Werk wurden mit äußerster Sorgfalt recherchiert und geprüft. Wir weisen jedoch darauf hin, dass diese Angaben häufig Veränderungen unterworfen sind und inhaltliche Fehler oder Auslassungen nicht völlig auszuschließen sind. Die Verlinkungen der QR-Codes entsprechen in Aufbau und Funktionalität dem aktuellen technischen Stand zum Zeitpunkt der Drucklegung. Für eventuelle Fehler oder Auslassungen können Gräfe und Unzer, die ADAC Medien und Reise GmbH sowie deren Mitarbeiter und die Autoren keinerlei Verpflichtung und Haftung übernehmen.
Alle Inhalte im Buch wenden sich an und gelten für alle Geschlechter (w/m/d). Soweit grammatikalisch männliche, weibliche oder neutrale Personenbezeichnungen verwendet werden, dient dies allein der besseren Lesbarkeit.

Ansprechpartner für den Anzeigenverkauf:
KV Kommunalverlag GmbH & Co. KG,
MediaCenter München, Tel. 089/928 09 60

Bei Interesse an maßgeschneiderten B2B-Produkten:
b2b-kontakt@graefe-und-unzer.de

Leserservice
GRÄFE UND UNZER Verlag
Grillparzerstraße 12
81675 München
www.graefe-und-unzer.de

Bei Fragen zur ADAC Trips App und den QR-Codes in diesem Buch schreiben Sie bitte eine E-Mail an trips@adac.de.

Umwelthinweis
Nachhaltigkeit ist uns sehr wichtig. Der Rohstoff Papier ist in der Buchproduktion hierfür von entscheidender Bedeutung. Daher ist dieses Buch auf PEFC-zertifiziertem Papier gedruckt. PEFC garantiert, dass ökologische, soziale und ökonomische Aspekte in der Verarbeitungskette unabhängig überwacht werden und lückenlos nachvollziehbar sind.

ADAC Service Toskana

Beim **ADAC Info-Service**, in den **ADAC Geschäftsstellen** sowie auf dem **Internetportal des ADAC** (adac.de) erhalten Sie Informationen zu den Dienstleistungen des Automobilclubs und zu Ihrem Reiseziel. In der ADAC Trips App (adac.de/services/apps/trips, siehe Seite 9) finden Sie Infos zu allen Touren und Sehenswürdigkeiten.
Als **ADAC Mitglied** können Sie das kostenlose **ADAC Tourset® Toskana** (adac.de/reisefreizeit/reiseplanung/tourset) mit vielen Reiseinfos und Karten anfordern. Bei Pannen und Notfällen steht Ihnen unser Team rund um die Uhr telefonisch und digital (adac.de/hilfe und ADAC Pannenhilfe App) zur Verfügung.

ADAC Info-Service
T 089 558 95 96 97
Infos zu allen ADAC Leistungen
(Mo–Sa 8–20 Uhr)

ADAC Ambulanz-Service
T +49 89 76 76 76, adac.de/ambulanzonline
(Erkrankung, Unfall, Verletzung, Transportfragen, Todesfall)

ADAC Pannenhilfe Deutschland
T 089 20 20 40 00, Mobil 22 22 22
(Verbindungskosten je nach Netzbetreiber/Provider)

ADAC Pannenhilfe Ausland
T +49 89 22 22 22
(Verbindungskosten je nach Netzbetreiber/Provider)

Online-Angebote des ADAC für Ihre Reiseplanung

Service	Webadresse
Reiseinspirationen, -planung und -hinweise	adac.de/reise-freizeit/reiseplanung
Aktuelle Verkehrslage	adac.de/verkehr
Individuelle Routenplanung	adac.de/maps
Infos zu Tankstellen und Spritpreisen	adac.de/tanken
Infos zu mautpflichtigen Strecken	adac.de/mautportal
Infos zu Fährverbindungen	adac.de/faehren
Aktuelle Infos vor Reiseantritt	adac.de/tourmail
Informationen für Camper	adac.de/camping
Informationen für Motorrad- und Oldtimerfahrer	adac.de/reise-freizeit/reisen-motorrad-oldtimer
Informationen für Segler und Skipper	skipper.adac.de
ADAC Reiseangebote	adacreisen.de
ADAC Autovermietung	adac.de/autovermietung
ADAC Versicherungen für den Urlaub	adac.de/versicherungen
Weltweite Preisvorteile für ADAC Mitglieder	adac.de/vorteile-international
Telemedizinische Beratung	adac.de/meinmedical

Auf den Geschmack gekommen? Dann gehen Sie doch auch in weiteren Regionen auf einen **inspirierenden Roadtrip**! Alle Bände gibt es im Buchhandel, bei den ADAC Geschäftsstellen sowie in unserem ADAC Online- Shop (adac.de/shop) und unter www.holiday-books.de.